Andel Konrad
Karoline Hoffmeister
Dagmar Bily
Bianca Rothenhäusler

Sommerliche TÜCHER stricken

Minitücher, Dreieckstücher,
Stola und Co.

CV

Sommer, Sonne, Stricknadeln

Willkommen zu einer Reise durch die wundervolle Welt des sommerlichen Strickens! In diesem Buch laden wir dich ein, in die zauberhafte Vielfalt von kleinen Dreieckstüchern, leichten Stolen, luftigen Schals und süßen Minitüchern einzutauchen: Begleiter, die die Leichtigkeit und den Charme des Sommers einfangen.

Die sommerlichen Accessoires sind nicht nur stilvoll, sondern auch praktisch. Sie begleiten dich bei einem entspannten Strandspaziergang oder wärmen behaglich in kühlen Sommernächten. Die Vielfalt der Muster und Designs verführt, deine eigenen kreativen Akzente zu setzen und deine Urlaubsgarderobe mit persönlich gestrickten Schätzen zu bereichern.

Lass die Nadeln klappern, während du aufs Meer oder eine traumhafte Bergkulisse schaust. Mögen diese Projekte deine Fantasie beflügeln und dir ein traumhaftes Sommerfeeling bescheren.

Herzlichst,
Bianca, Dagmar, Andel und Karoline

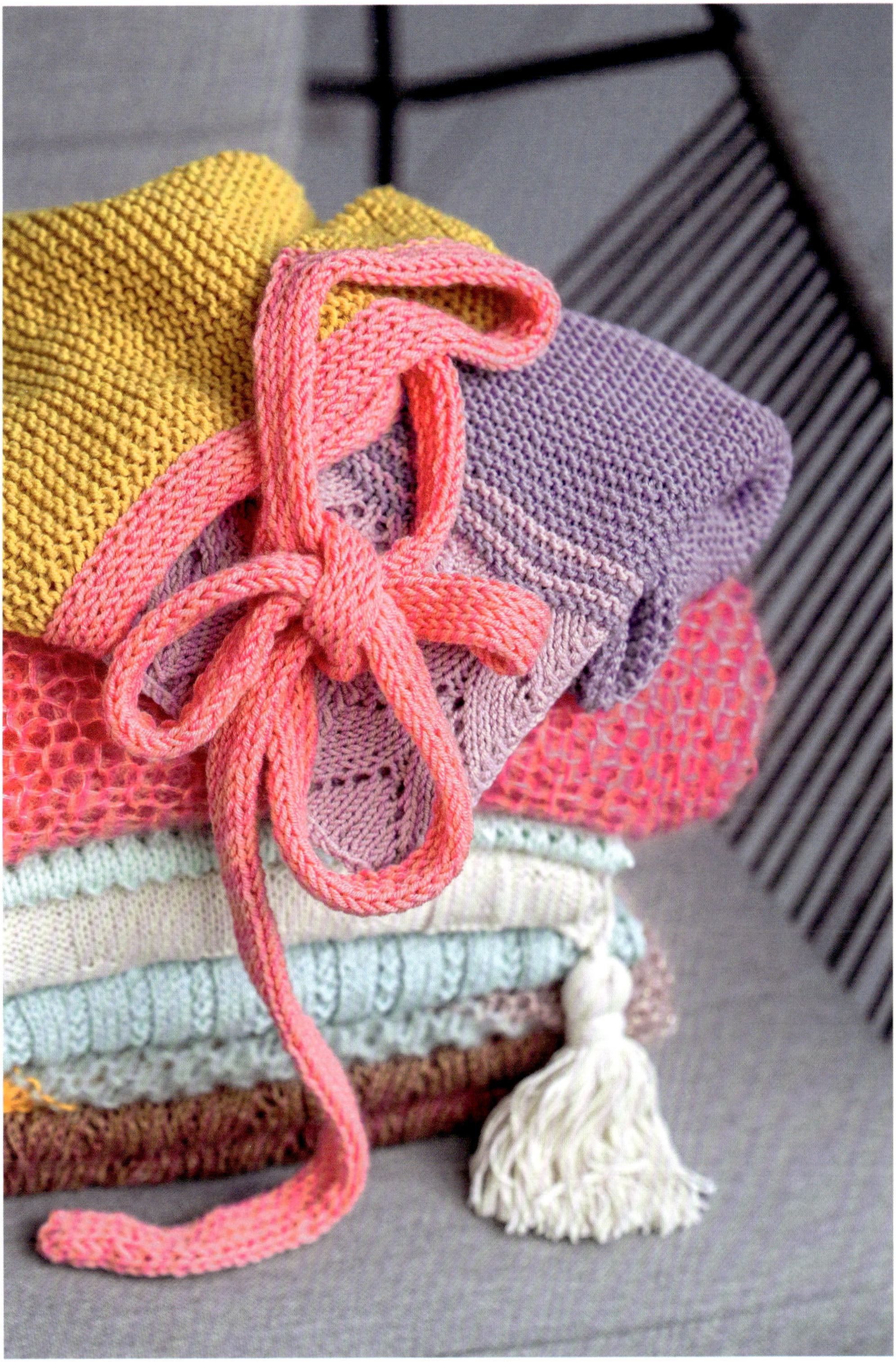

Inhalt

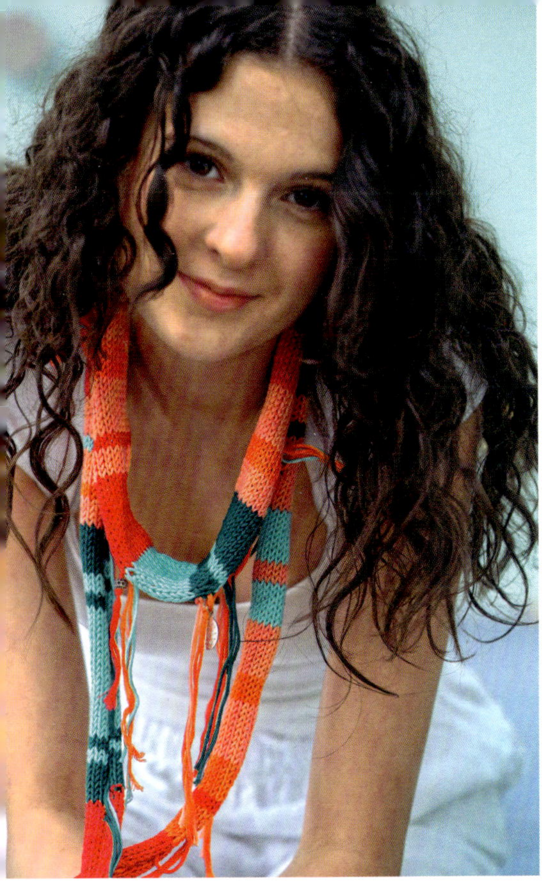
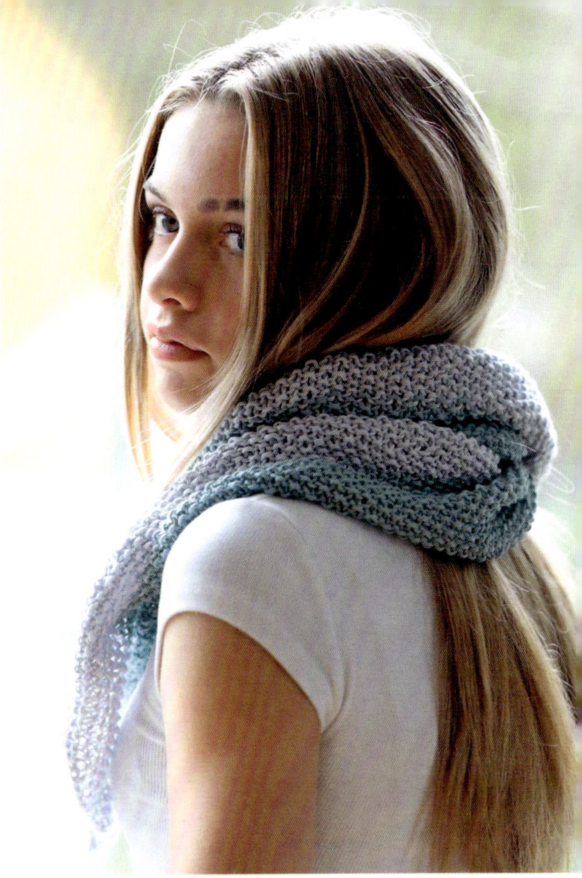
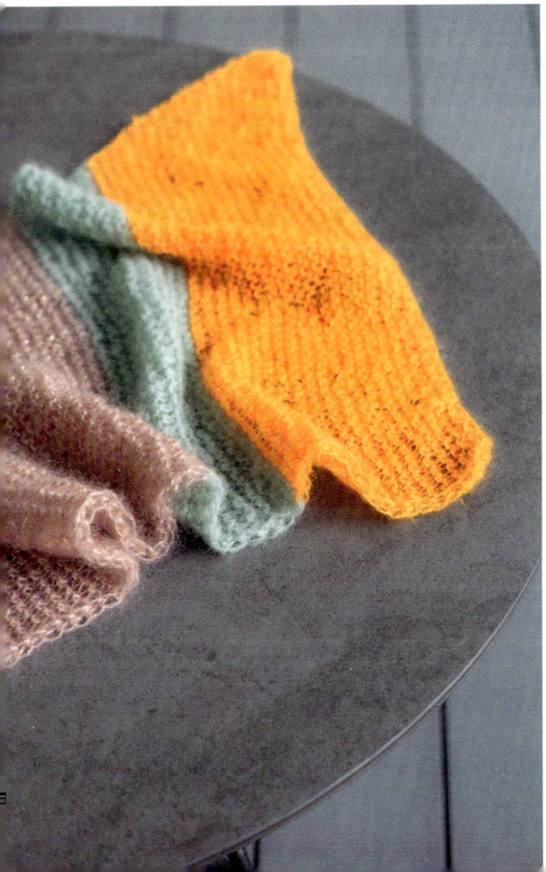
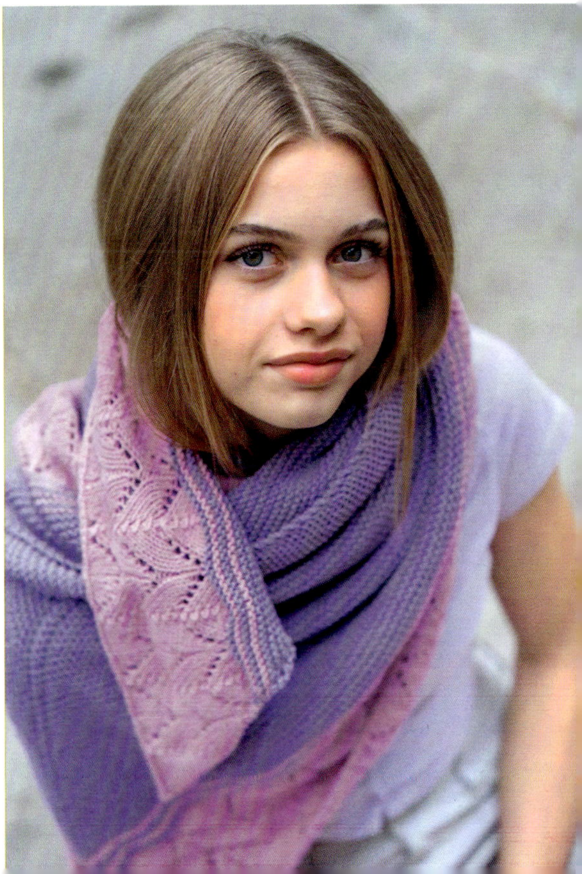

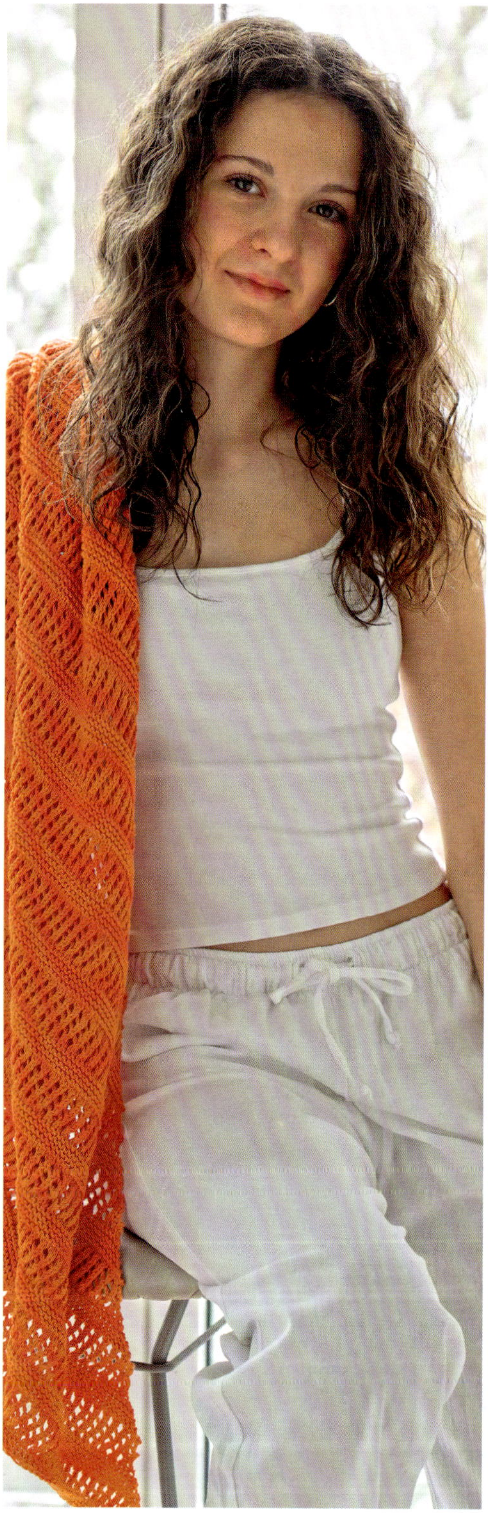

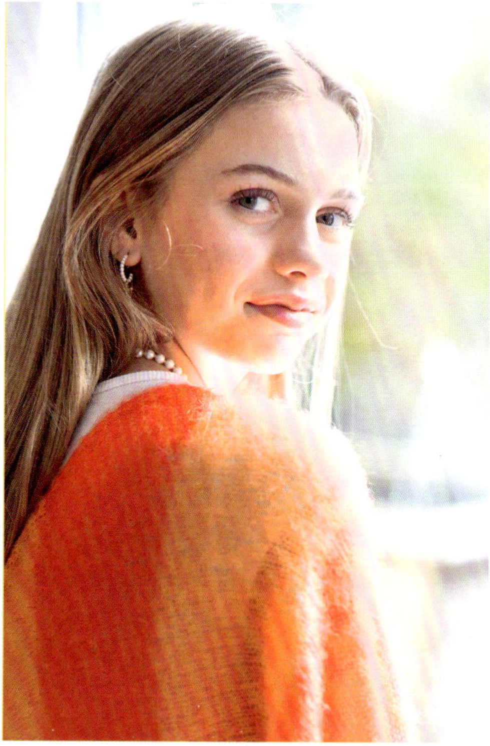

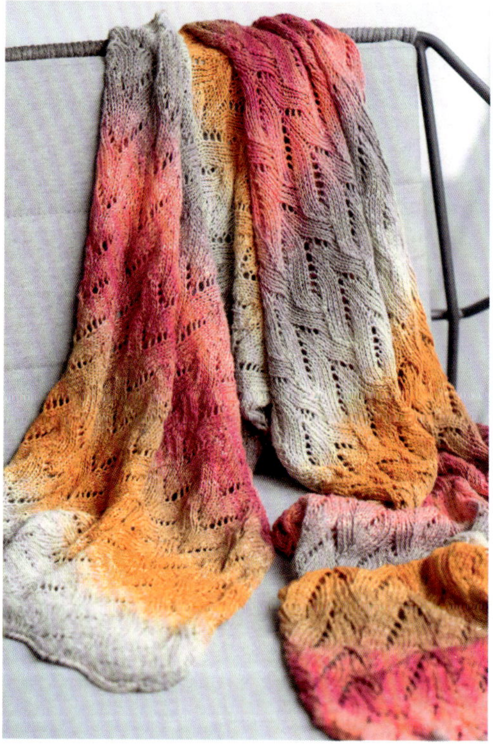

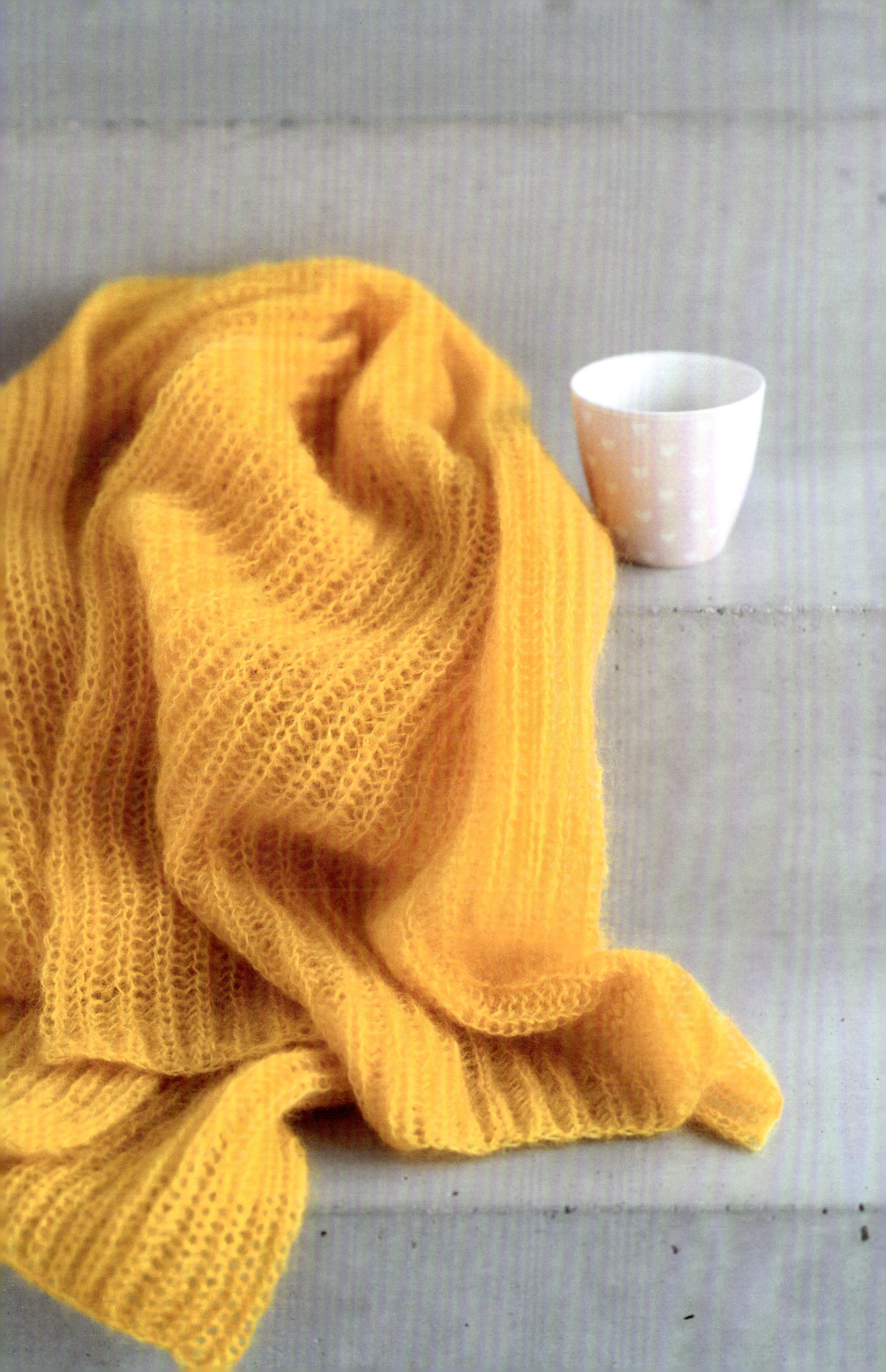

Tuch Strandperle

Auch wenn du noch nicht lange strickst, kannst du dich getrost an das süße Tüchlein wagen. Im Handumdrehen wird es breiter und nach nur zwei verstrickten Knäueln bist du fast am Ziel. Such dir als farbigen Abschluss deine Lieblingsfarbe aus oder strick dich durch alle Farben der Farbpalette. Es gibt tausendundeine Kombination, mindestens genauso viele, wie ein heißer Sommer an Möglichkeiten für „Was machen wir eigentlich heute?“ bereithält.

Welche Maschen musst du beherrschen, um dieses Modell zu stricken?

- Maschen anschlagen
- Rechte Maschen stricken
- Linke Maschen stricken
- 3 Maschen aus einer Masche stricken
- Maschen abketten

Welches Material benötigst du?

- **No.2** von **myboshi** (85% Baumwolle, 15% Kapok) mit einer Lauflänge von 100 m/50 g:
- 100 g **Minze** als Grundfarbe und
- 50 g **Türkis** als Kontrastfarbe
- *Weitere schöne Farbkombinationen wären auch Elfenbein mit Rand in Magenta, Saphir mit Rand in Magnolie, Kakao mit Rand in Hautfarbe oder Agave mit Rand in Silber.*
- 1 Rundstricknadel der Stärke 4 mm

Wie groß ist das fertige Modell?

Das Tuch ist in der vorderen Mitte ca. 35 cm hoch und an der langen Seite 130 cm breit.

Beachte die Maschenprobe!

Mit Nadelstärke 4 mm im Perlmuster gestrickt ergeben 17 M in der Breite und 28 Reihen in der Höhe ein Quadrat von 10 cm × 10 cm.

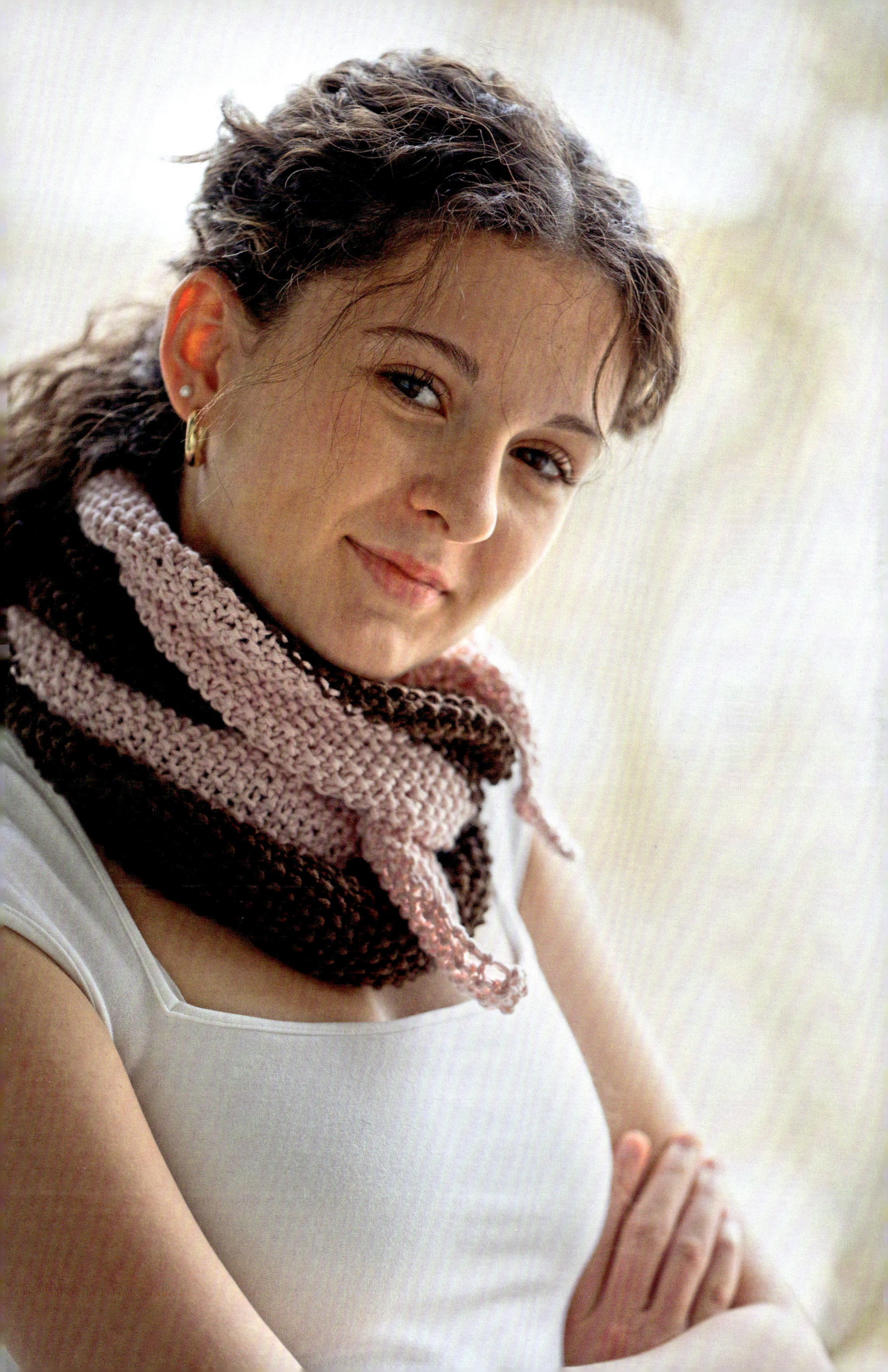

Welches Muster wird gestrickt?

Perlmuster: Das Muster wird mit einer ungeraden M-Zahl gestrickt.

1. Reihe: * 1 M rechts, 1 M links, ab * stets wiederholen und die Reihe mit 1 M rechts beenden.

2. Reihe: wie die 1. Reihe stricken. Jede linke M wird damit rechts gestrickt und jede rechte M wird links gestrickt. Jede Reihe beginnt und endet also mit einer rechten M.

Die 1.–2. Reihe stets wiederholen.

Wie bekommt das Tuch seine Form?

Am Anfang jeder Reihe werden 2 M zugenommen, indem aus der 1. M jeder Reihe 3 M herausgestrickt werden.

Jetzt geht's los!

1. Schlage in der Grundfarbe (z. B. in Minze) 3 M an und verknote den Anschlagsfaden.

2. Beginne mit einer Rückreihe und stricke 1 M rechts und 1 M links im Wechsel, beende die Reihe mit 1 M rechts.

3. Nun folgt die **1. Hinreihe:** 3 M aus der 1. M herausstricken, dann 1 M links und 1 M rechts stricken und wenden = 5 M.

4. Stricke in jeder Hin- und jeder Rückreihe erst 3 M aus der 1. M heraus und alle übrigen M der Reihe im Perlmuster.

5. Wiederhole den Schritt 4 so lange, bis 2 komplette Knäuel der Grundfarbe verstrickt sind.

6. Arbeite mit der Kontrastfarbe weiter, in unserem Beispiel ist das Türkis. Stricke dazu in der letzten Rückreihe bis vor die letzten 5 M und beginne mit dem Faden in der neuen Farbe. So vermeidest du, dass die Fäden am Rand angeknotet werden müssen.

7. Verstricke das Knäuel der Kontrastfarbe fast komplett, bis nur noch ein Rest zum Abketten übrig ist.

8. Dann kette die M in einer Rückreihe ab und stricke dabei im Perlmuster, wie das Muster erfordert.

Zu guter Letzt!

Geschafft. Spanne das Tuch, bedecke es mit feuchten Tüchern und lasse es unter den Tüchern trocknen. Dann trage es mit Stolz!

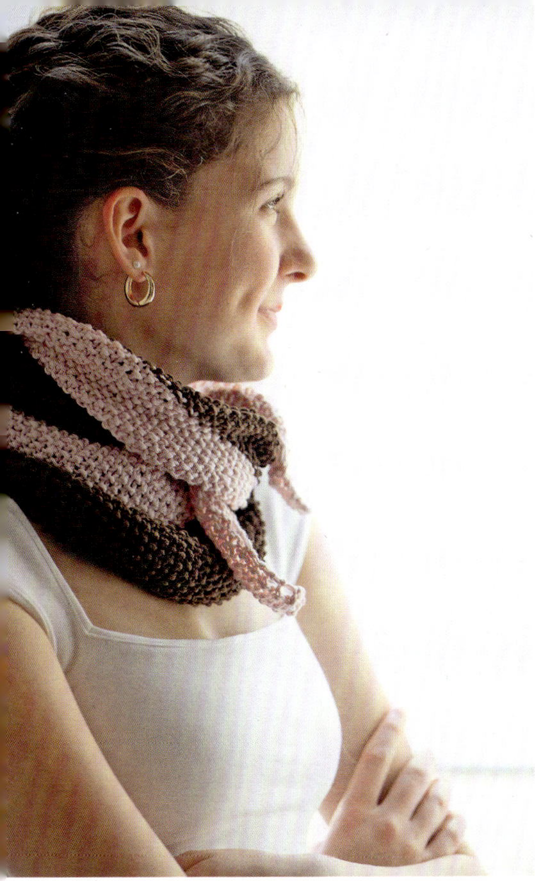
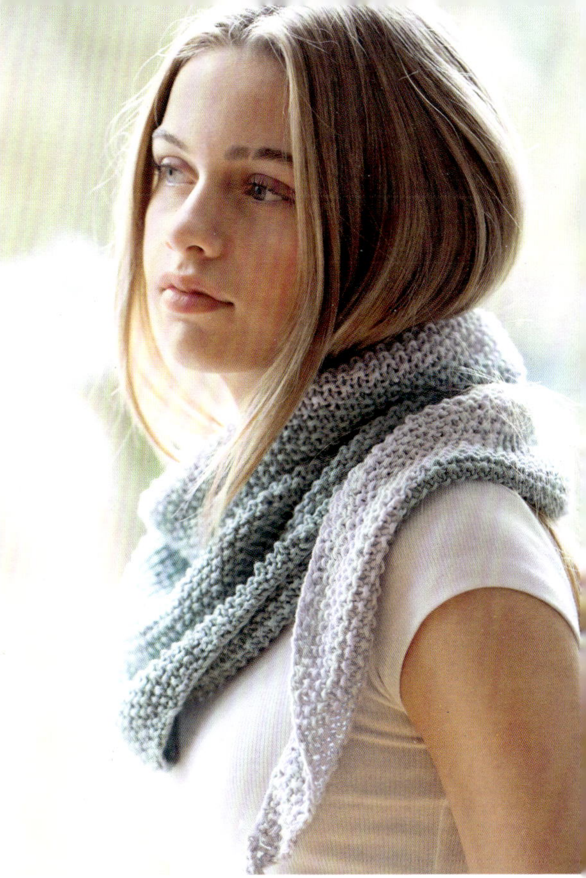
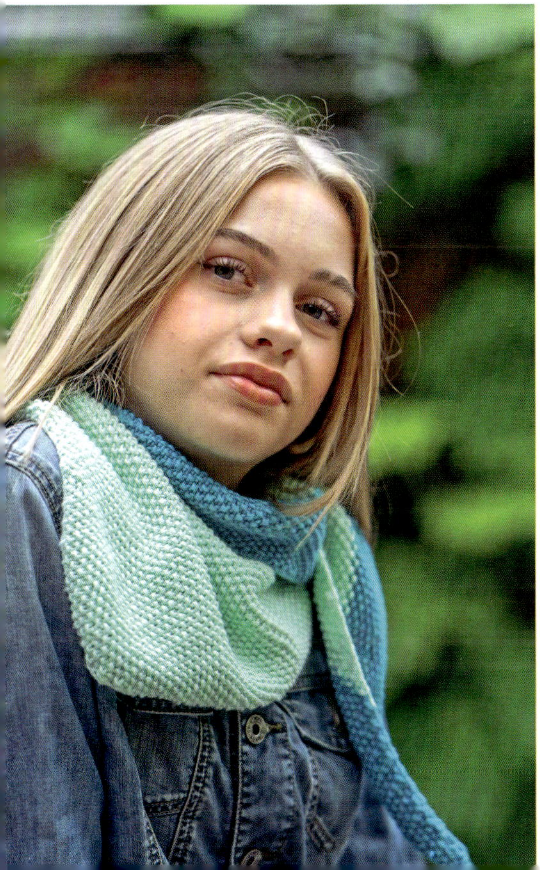
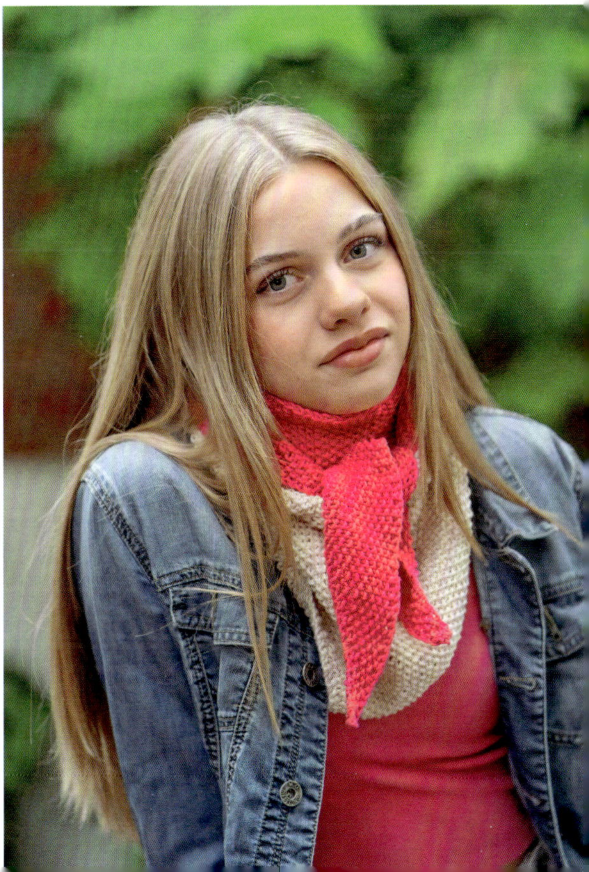

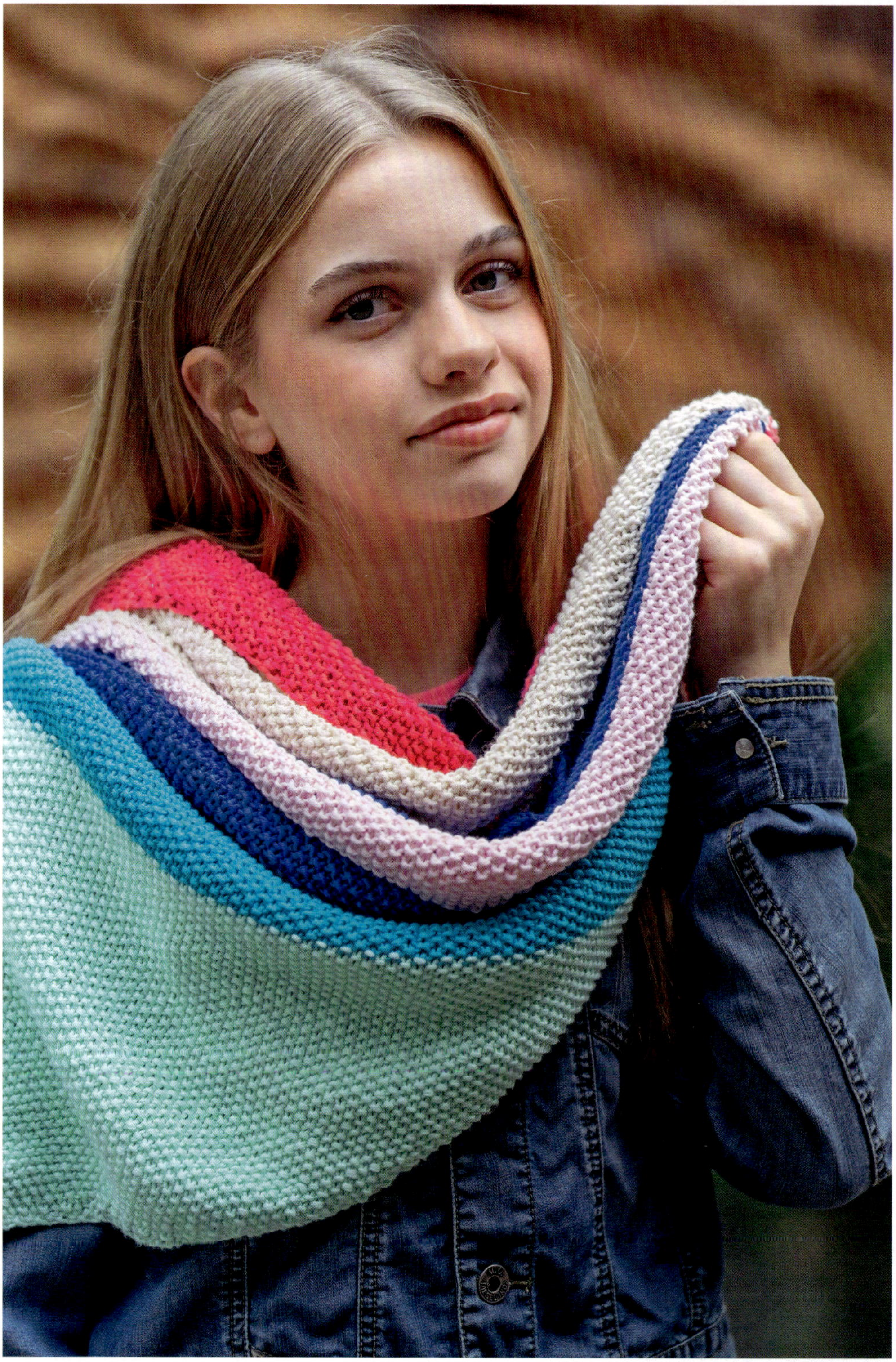

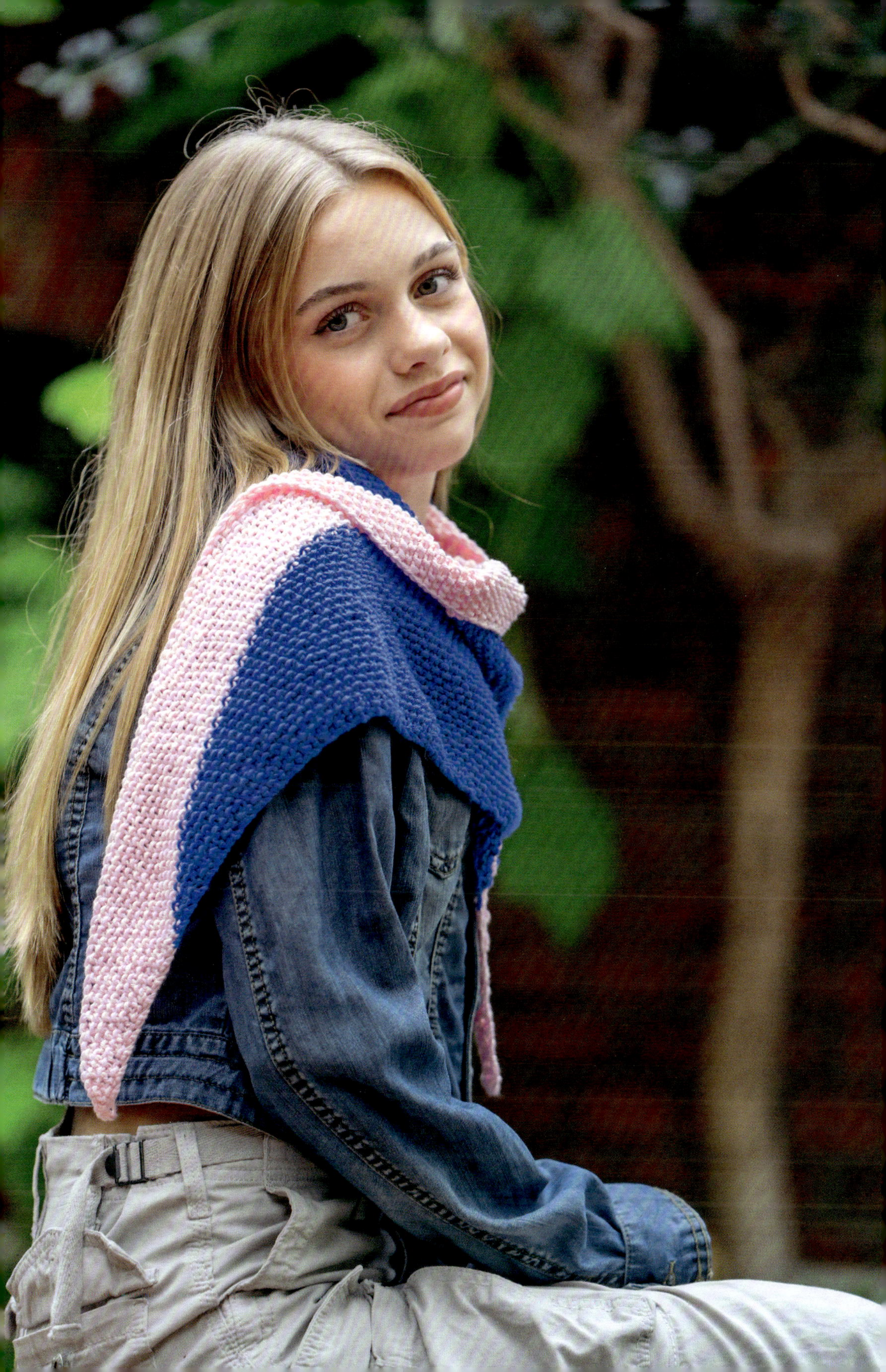

Tuch Urlaubslaune

Stricke gemächlich glatt rechts vor dich hin, schaue aufs Meer und nur alle sechs bis acht Minuten musst du dich kurz konzentrieren, wenn die kleinen Löcher eingestrickt werden, die das Tuch wie ein zarter Hohlsaum durchziehen und ihm einen süßen Twist geben. Die Zipfel ringeln sich ganz niedlich ein und lassen es noch schmaler erscheinen. Zum Kleid, zum Shirt, zur Bluse: Urlaubslaune geht doch eigentlich immer!

Welche Maschen musst du beherrschen, um dieses Modell zu stricken?

- Maschen anschlagen
- Rechte Maschen stricken
- Linke Maschen stricken
- 2 Maschen rechts zusammenstricken
- 1 Umschlag auf die Nadel nehmen

Welches Material benötigst du?

- **No.2** von **myboshi** (85% Baumwolle, 15% Kapok) mit einer Lauflänge von 100 m/50 g:
- 150 g **Minze**
- 1 Rundstricknadel der Stärke 4 mm

Wie groß ist das fertige Modell?

Das Tuch ist in der vorderen Mitte ca. 32 cm hoch und an der langen Seite 140 cm breit.

Beachte die Maschenprobe!

Mit Nadelstärke 4 mm glatt rechts gestrickt ergeben 21 M in der Breite und 30 Reihen in der Höhe ein Quadrat von 10 cm × 10 cm.

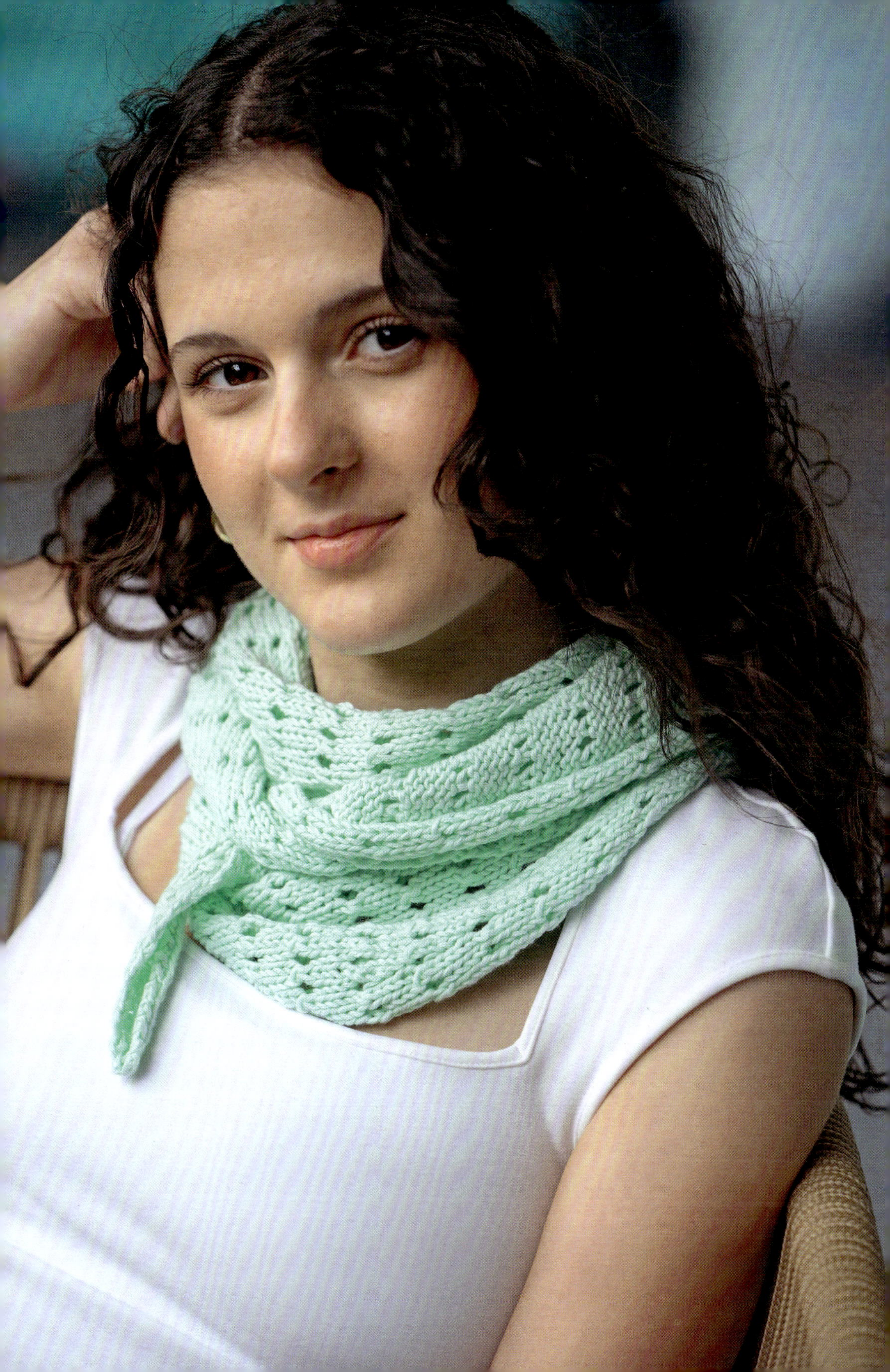

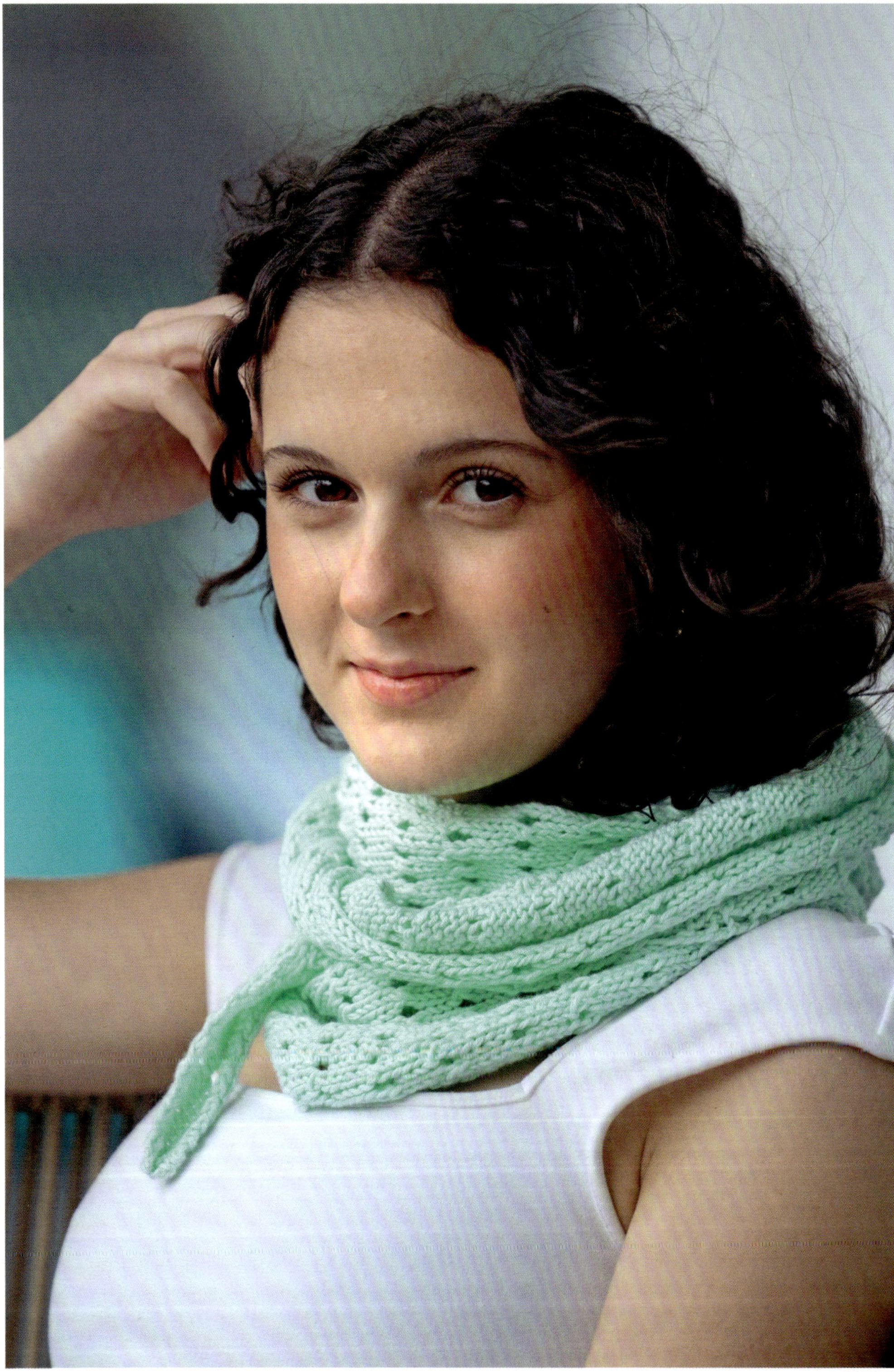

Welches Muster wird gestrickt?

Glatt rechts in Reihen: in Hinreihen rechte M und in Rückreihe linke M stricken.

Hohlsaum-Lochmuster: Maschenzahl ist teilbar durch 2 M plus 2 Randm.

1. Reihe (Hinreihe): 1 Randm, * 1 Umschlag auf die Nadel nehmen, 2 M rechts zusammenstricken, ab * bis 1 M vor dem Reihenende wiederholen, dann die Reihe mit 1 Randm beenden.

2. Reihe (Rückreihe): 1 Randm, alle M und Umschläge links stricken und die Reihe mit 1 Randm beenden.

Randmaschen: am rechten Rand, also an dem Rand, an dem Zu- und Abnahmen gearbeitet werden, die Randm glatt rechts stricken (in Hinreihen rechts und in Rückreihen links). Am linken Rand, also an dem gerade verlaufenden Rand, die Randm als Knötchen-Randm arbeiten (in Hin- und Rückreihen als rechte M stricken).

Wie bekommt das Tuch seine Form?

Zu- und abgenommen wird jeweils am Anfang der Hinreihen, und zwar nur in den Reihen, in denen kein Hohlsaum-Lochmuster gestrickt wird.

Zunahmen in den Hinreihen bis zur vorderen Mitte: 1 Randm als Knötchenrand stricken, 1 Umschlag auf die Nadel nehmen, alle weiteren M bis zum Reihenende rechts stricken und die Reihe mit 1 Randm beenden. In den Rückreihen zwischen den Randm alle M und auch den Umschlag links stricken.

Abnahmen in den Hinreihen ab der vorderen Mitte: 1 Randm als Knötchenrand stricken, 1 Umschlag auf die Nadel nehmen, 2 M rechts zusammenstricken, noch mal 2 M rechts zusammenstricken, dann alle weiteren M bis zum Reihenende rechts stricken und die Reihe mit 1 Randm beenden. In den Rückreihen zwischen den Randm alle M links stricken.

Jetzt geht's los!

1. Schlage 4 M an und verknote den Anschlagsfaden.

2. Beginne mit einer Rückreihe als Basis-Reihe: 1 Randm, 2 M links, 1 M rechts.

3. Stricke in dieser Einteilung:

1. Reihe (Hinreihe): 1 Randm, 1 Umschlag, rechte M bis zum Reihenende stricken und die Reihe mit 1 Randm beenden.

2. Reihe (Rückreihe) und alle folgenden Rückreihen: zwischen den Randm alle M und Umschläge links stricken = 5 M.

Wiederhole die 1. und 2. Reihe noch 3× = 8 M.

6. Dann arbeite in dieser Einteilung weiter:

9. Reihe (Lochmuster-Reihe): 1 Randm, * 1 Umschlag, 2 M rechts zusammenstricken, ab * bis zum Reihenende wiederholen und die Reihe mit 1 Randm beenden.

11. Reihe (Hinreihe): * 1 Randm, 1 Umschlag, rechte M bis zum Reihenende stricken und die Reihe mit 1 Randm beenden.

13. Reihe (Hinreihe): wie die 11. Reihe stricken.

Wiederhole die 9.–14. Reihe noch 27× = 64 M.

7. Stricke noch einmal die **9. Reihe (Lochmuster-Reihe)** wie unter Punkt 6 beschrieben. Diese Reihe bildet die Spitze des Tuches. Nach dieser Reihe werden kontinuierlich wieder M abgenommen.

8. Nun stricke in dieser Einteilung:

179. Reihe (Hinreihe): 1 Randm, 1 Umschlag, 2 M rechts zusammenstricken, 1 M rechts, 2 M rechts zusammenstricken, alle weiteren M rechts stricken und die Reihe mit 1 Randm beenden = 63 M.

181. Reihe (Hinreihe): wie die 179. Reihe stricken = 62 M.

183. Reihe (Hinreihe): noch einmal die **9. Reihe (Lochmuster-Reihe)** stricken, wie unter Punkt 6 beschrieben.

Wiederhole die 179.–184. Reihe noch 27× = 8 M und anschließend die 179.–180. Reihe noch 5× = 3 M.

9. Stricke die letzten 3 M rechts zusammen.

10. Schneide den Faden ab und ziehe ihn durch die letzte M.

11. Vernähe alle Fäden.

Zu guter Letzt!

Das hast du großartig gemacht! Spanne das Tuch, bedecke es mit feuchten Tüchern und lass es unter den Tüchern trocknen. Und dann trage es mit Stolz!

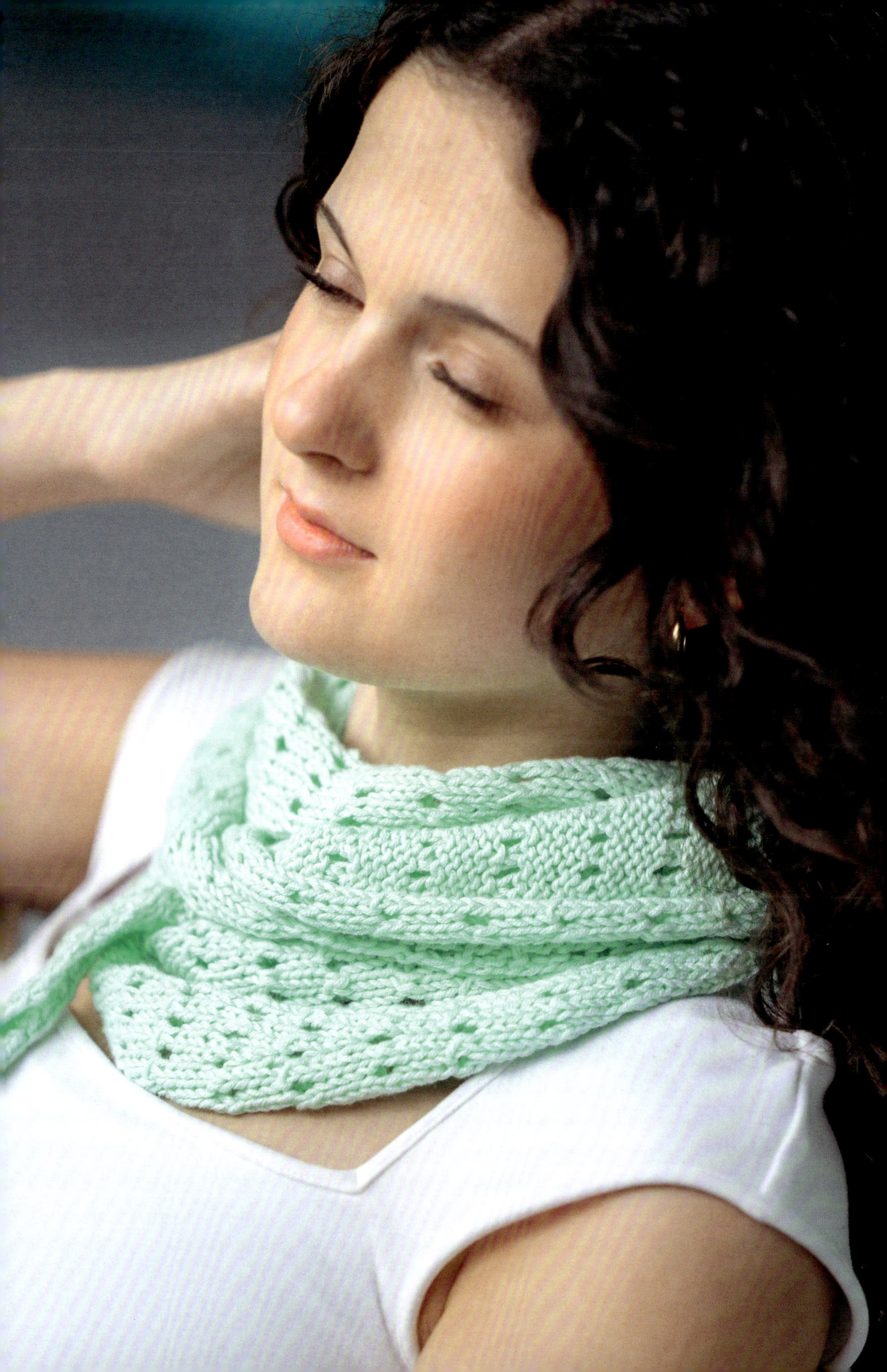

Minituch Candy

Oops, schon fertig!? Dieses Minituch ist an zwei Abenden gestrickt und eine so süße Kombination zu schlichten Pullovern, dass man es eigentlich in ganz, ganz vielen Farben im Schrank haben sollte. Die große Schleife pimpt jedes noch so langweilige Outfit zu einem Look, der gesehen werden will. Falls dir das Tuch in Uni besser gefällt, brauchst du sogar nur ein Knäuel.

Welche Maschen musst du beherrschen, um dieses Modell zu stricken?

- Maschen anschlagen
- Rechte Maschen stricken
- Linke Maschen stricken
- 1 Masche verdoppeln: die Masche zunächst rechts, anschließend noch einmal rechts verschränkt stricken, dann erst von der linken Nadel heben
- 1 Masche rechts verschränkt aus dem Querfaden zunehmen
- 2 Maschen rechts zusammenstricken
- Maschen abketten

Welches Material benötigst du?

- **Naturals** von **myboshi** (100% Schurwolle Merino) mit einer Lauflänge von 150 m/50 g:
- je 50 g in **Cocciniglia** und **Frangula**
- 1 Rundstricknadel der Stärke 4 mm

Wie groß ist das fertige Modell?

Das Tuch ist in der vorderen Mitte ca. 22 cm hoch und ohne Bänder der langen Seite 45 cm breit.

Beachte die Maschenprobe!

Mit Nadelstärke 4 mm glatt rechts gestrickt ergeben 18 M in der Breite und 34 Reihen (= 17 Querrippen) in der Höhe ein Quadrat von 10 cm × 10 cm.

Welches Muster wird gestrickt?

Kraus rechts in Reihen: in Hin- und Rückreihen rechte M stricken.

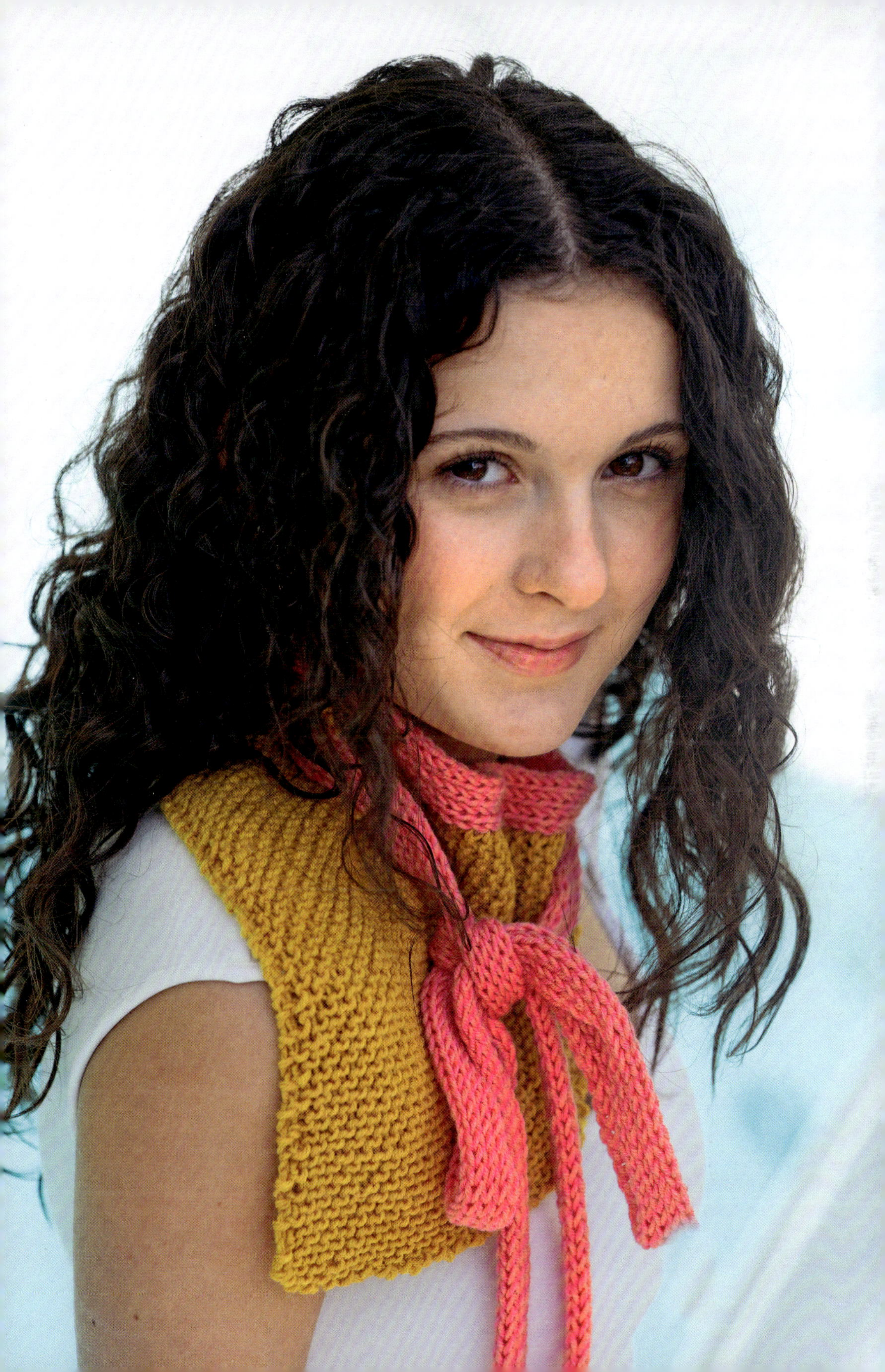

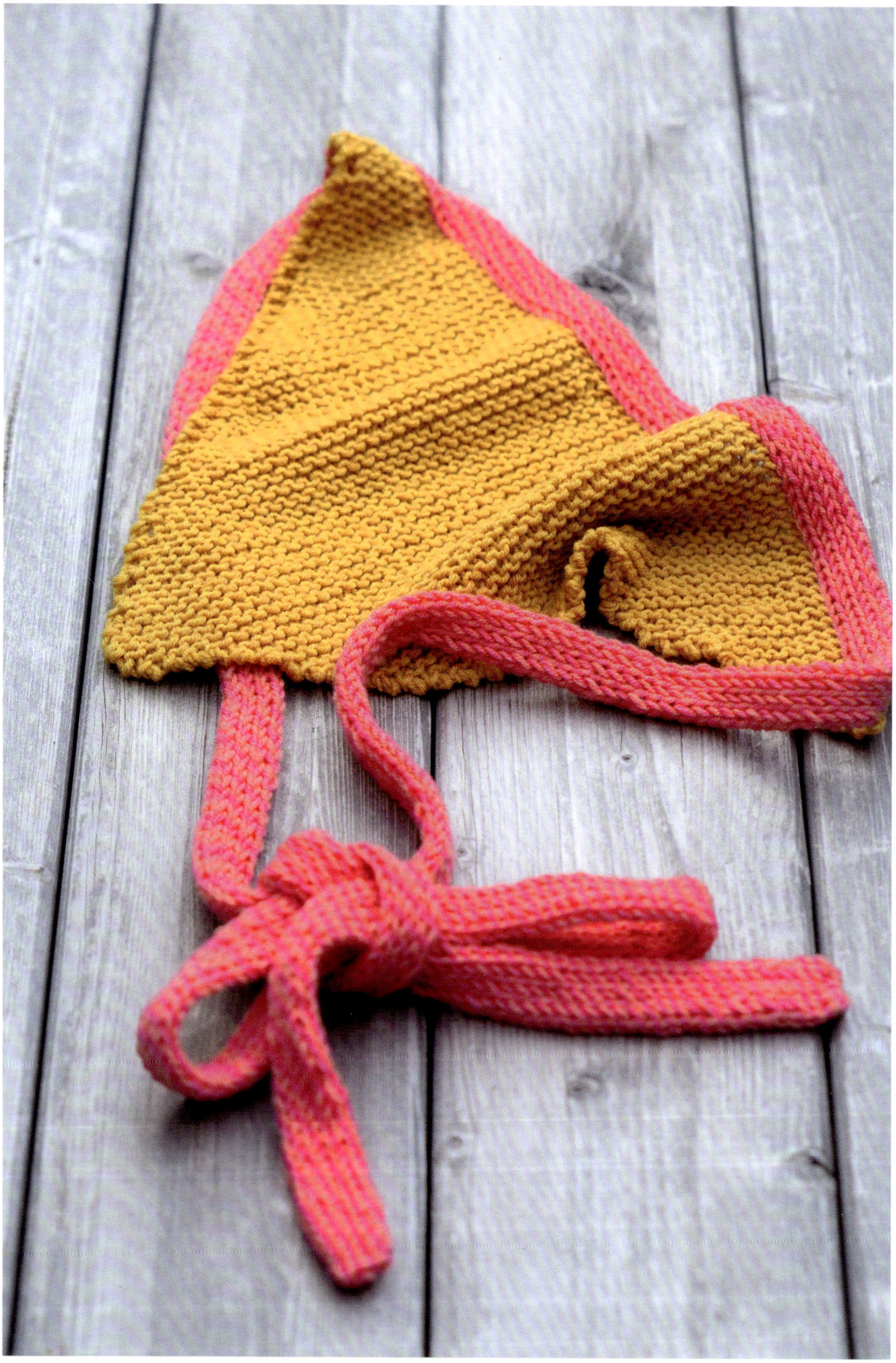

Wie bekommt das Tuch seine Form?
Zu- und abgenommen wird jeweils am Anfang der Hinreihen.
Zunahmen in den Hinreihen bis zur vorderen Mitte: 1 M rechts, 1 M rechts verschränkt aus dem Querfaden zunehmen.
Abnahmen in den Hinreihen ab der vorderen Mitte: die 1. und 2. M rechts zusammenstricken.

Jetzt geht's los!

1. Schlage für das Bindeband mit Cocciniglia 8 M an und verknote den Anschlagsfaden.

2. Stricke eine erste Rückreihe als Basis-Reihe: * 1 M links, 1 M rechts, ab * 4× arbeiten.

3. 1. Reihe (Hinreihe): * 1 M mit dem Faden vor der Arbeit wie zum Linksstricken abheben, dann 1 M rechts stricken, ab * 4× arbeiten.

4. Wiederhole die 1. Reihe in allen Hin- und Rückreihen, bis dein Band 80 cm lang ist.

5. Verdoppele in der folgenden **Hinreihe** die 1. M und stricke alle übrigen M wie zuvor = 9 M.

6. In der folgenden **Rückreihe:** * 1 M wie zum Linksstricken abheben, dabei den Faden vor die Arbeit legen, dann 1 M rechts stricken, ab * 4× arbeiten, 1 M rechts = 9 M.

7. Arbeite ab jetzt mit 2 Farben. Beginne mit Frangula und stricke 1 M rechts, 1 M rechts verschränkt aus dem Querfaden und 1 weitere M rechts. Wechsele zu Cocciniglia und stricke das Band über 7 M: * 1 M rechts, 1 M mit dem Faden vor der Arbeit wie zum Linksstricken abheben, ab * 3× arbeiten, beende das Band mit 1 M rechts = 10 M.

8. Stricke das Band in der Rückreihe über 7 M wie zuvor, wechsele dann den Faden und stricke die letzten 3 M rechts in Frangula.

9. Wiederhole die Schritte 7 und 8 so lange, bis der kraus rechts gestrickte Teil in Frangula 40 M breit ist. Achte darauf, die beiden Fäden in den Hinreihen hinter der Arbeit einmal zu verdrehen, wenn du die Farbe wechselst, damit keine Löcher an den Farbübergängen entstehen.

10. Stricke 8 Reihen ohne Zunahme.

11. Nun beginnen die Abnahmen. Stricke am Anfang der Hinreihe 2 M rechts zusammen und alle übrigen M bis vor die M des Bandes rechts und die M des Bandes wie zuvor in Cocciniglia.

12. Nimm in allen Hinreihen nun so lange ab, bis nur 1 rechte M in Frangula übrig ist und nur noch 8 M auf der Nadel liegen.

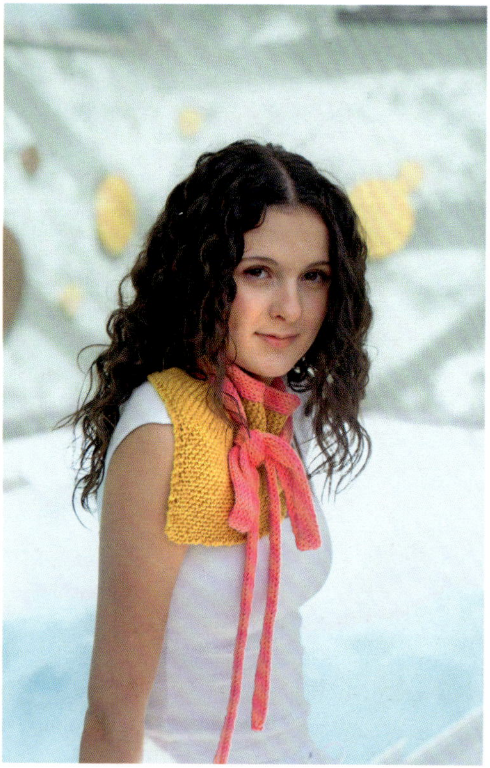

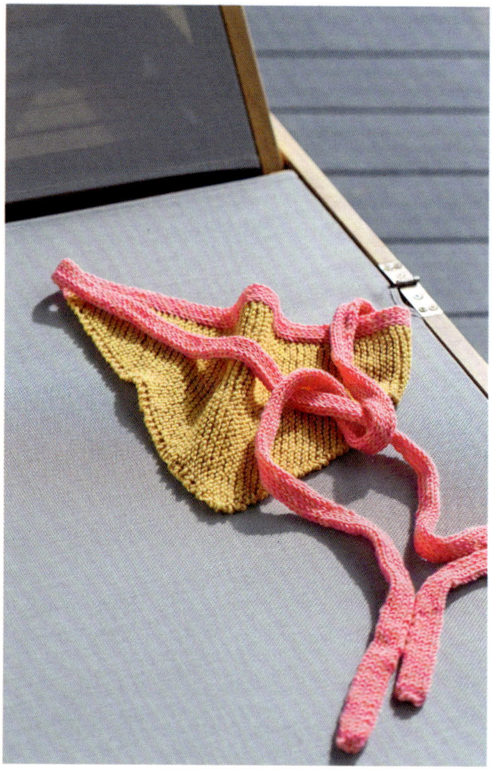

13. In der folgenden Rückreihe darfst du nun den Faden in Frangula abschneiden und weiter in Cocciniglia stricken: * 1 M wie zum Linksstricken abheben, dabei den Faden vor die Arbeit legen, dann 1 M rechts stricken, ab * 4× arbeiten.

14. Stricke auch diese Seite des Bandes 80 cm lang.

15. Kette die M ab und stricke dabei 1 M links und 1 M rechts im Wechsel.

16. Schneide den Faden ab und ziehe ihn durch die letzte M.

17. Vernähe alle Fäden.

Zu guter Letzt!

Geschafft, prima! Trage das Tuch etwas seitlich und binde es vorn mit einer großen, extravaganten Schleife.

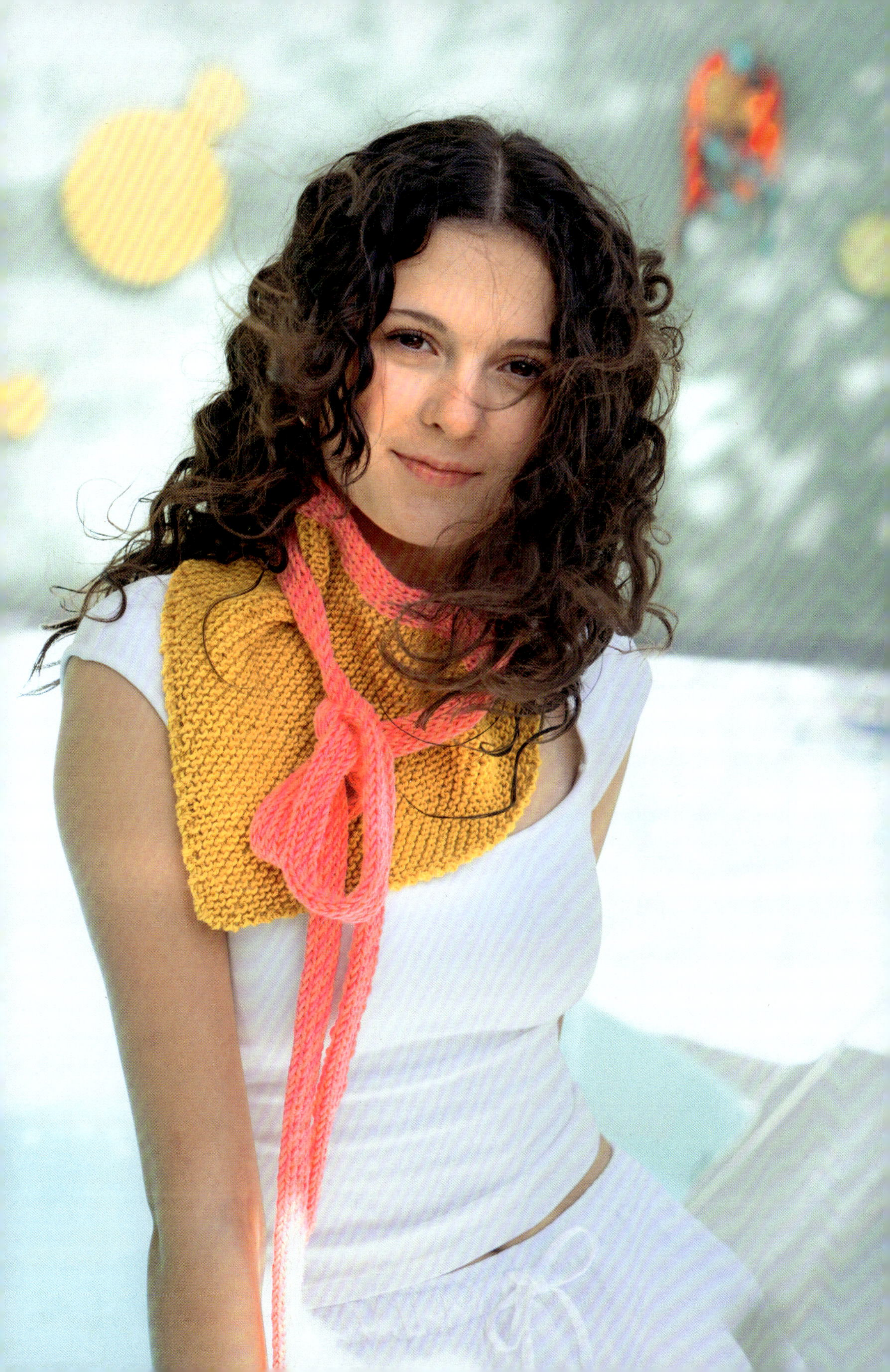

Stola Karibik

Lass deine Stola und deine Augen leuchten! Schließe die Augen und träume dich an einen karibischen Strand. Welche Farben kannst du sehen? Das Meer leuchtet kobaltblau am Morgen, manchmal auch azurblau. Wenn abends die Sonne schlagartig flammendrot oder dunkelorangerot ins Meer taucht, schimmert es fast violett. Und du trägst eine bunte Stola um die Schultern und eine Hibiskusblüte im Haar. Träumen darf man ja ...

Welche Maschen musst du beherrschen, um dieses Modell zu stricken?

- Maschen anschlagen
- Rechte Maschen stricken
- Linke Maschen stricken
- 1 Masche aus dem Querfaden zunehmen
- 2 Maschen rechts zusammenstricken
- Maschen abketten

Welches Material benötigst du?

- **Silkhair** von **Lana Grossa** (70% Mohair, 30% Seide) mit einer Lauflänge von 210 m /25 g:
- 50 g **Dunkelorange** (Fb 136) und
- je 25 g **Fuchsia** (Fb 172) und **Lachs** (Fb 159)
- Stricknadeln der Stärke 4 mm

Wie groß ist das fertige Modell?

Die Stola ist ca. 55 cm breit und 175 cm lang, sodass du sie bequem locker über die Schultern legen kannst.

Beachte die Maschenprobe!

Mit Nadelstärke 4 mm glatt rechts gestrickt ergeben 20 M in der Breite und 30 Reihen in der Höhe ein Quadrat von 10 cm × 10 cm.

Welches Muster wird gestrickt?

Glatt rechts: in Hinreihen rechte M und in Rückreihe linke M stricken.

Kraus rechts: in Hin- und Rückreihen rechte M stricken.

Randmaschen: die ersten drei und die letzten drei M in den Hin- und Rückreihen kraus rechts stricken.

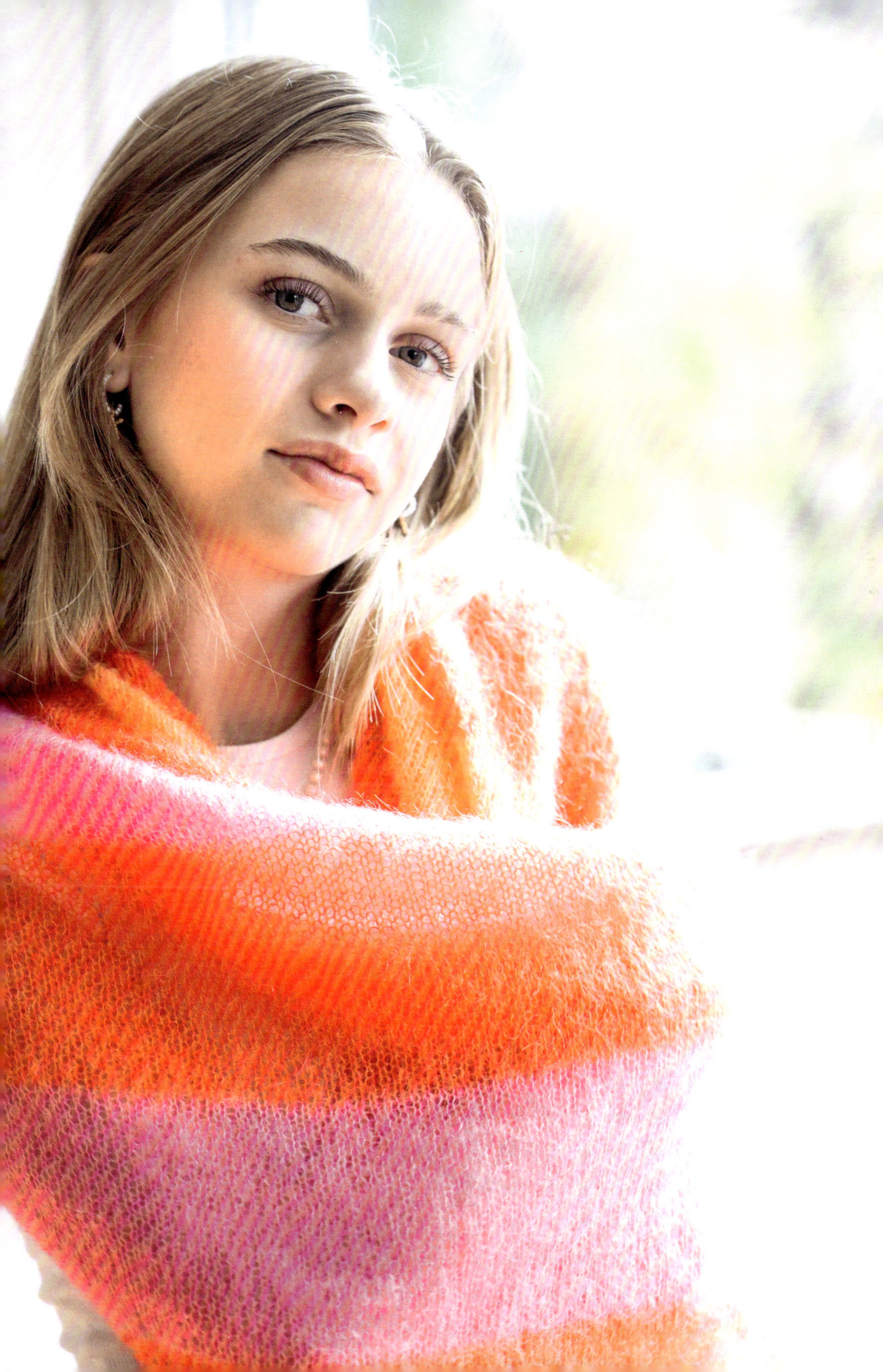

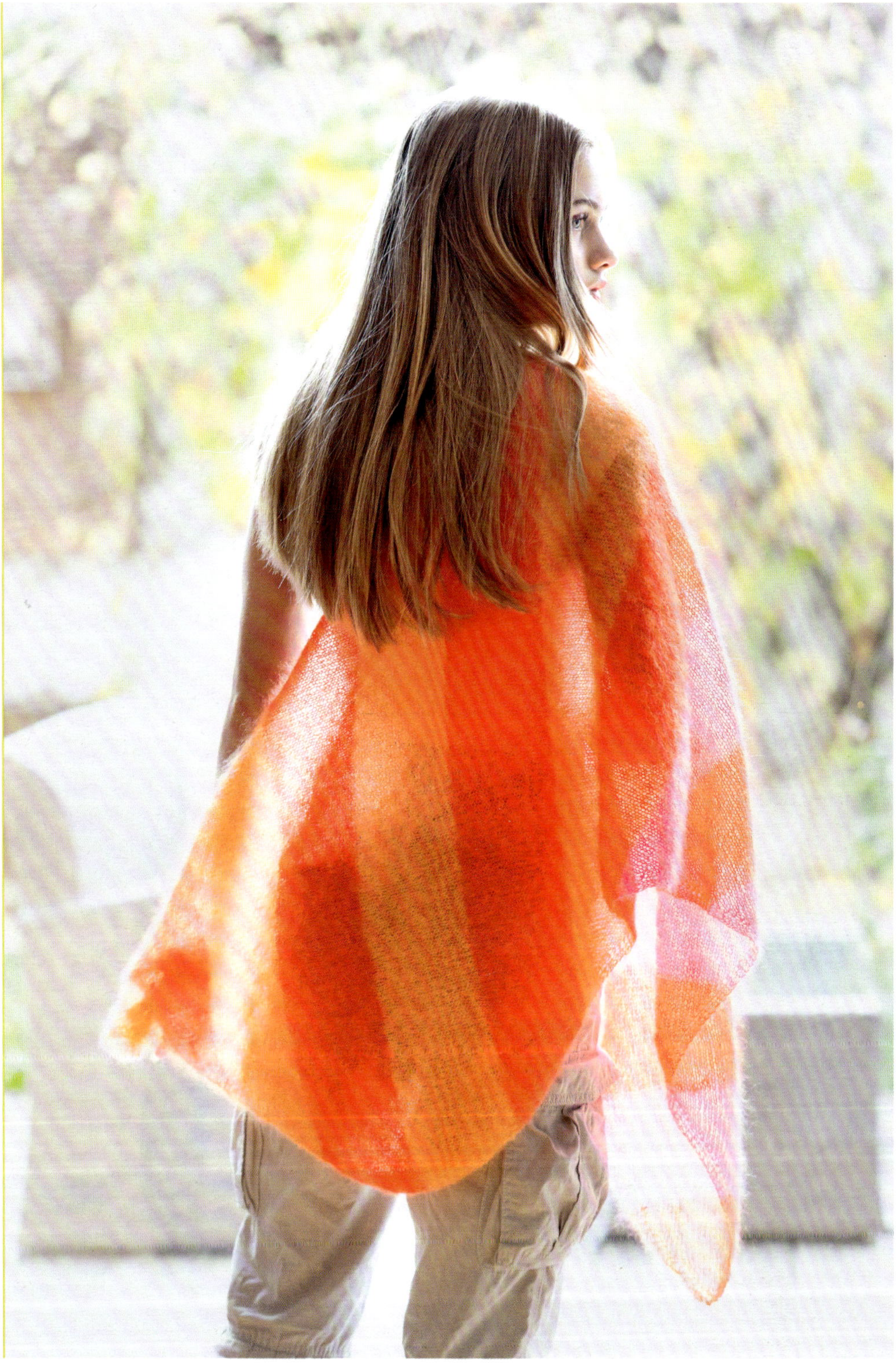

Wie entstehen die Streifen?

Maschenanschlag und 1. Rückreihe in Dunkelorange,
32 Reihen in Dunkelorange,
3× [32 Reihen in Fuchsia, 32 Reihen in Dunkelorange],
3× [32 Reihen in Lachs, 32 Reihen in Dunkelorange],
32 Reihen in Lachs.

Jetzt geht's los!

1. Schlage 5 M in Dunkelorange an und arbeite alle folgenden Schritte in der Farbenreihenfolge für die Streifen.

2. Verknote den Anschlagsfaden und stricke in einer ersten Rückreihe als Basis-Reihe 5 M rechts.

3. Stricke in folgender Einteilung:

1. Reihe (Hinreihe): 2 M kraus rechts stricken, 1 rechte M aus dem Querfaden zunehmen, 1 M rechts, 1 rechte M aus dem Querfaden zunehmen, 2 M kraus rechts stricken = 7 M.

2. Reihe (Rückreihe): 3 M kraus rechts, 1 M links, 3 M kraus rechts.

3. Reihe (Hinreihe): 3 M kraus rechts, 1 rechte M aus dem Querfaden zunehmen, 1 M rechts, 1 M rechts aus dem Querfaden zunehmen, 3 M kraus rechts = 9 M.

4. Reihe (Rückreihe): 3 M kraus rechts, 3 M links, 3 M kraus rechts.

4. Arbeite in folgender Einteilung weiter:

5. Reihe (Hinreihe): 3 Randm kraus rechts, 1 M aus dem Querfaden zunehmen, alle M bis zu den letzten 3 M glatt rechts stricken, 1 M aus dem Querfaden zunehmen und die Reihe mit 3 Randm kraus rechts beenden.

6. Reihe (Rückreihe): die ersten 3 M und die letzten 3 M der Reihen kraus rechts und die M in der Mitte links stricken.

Wiederhole die 5. und 6. Reihe und halte dabei die Streifenfolge ein, bis du jeweils 2 Streifen in Dunkelorange und in Fuchsia gestrickt hast. Anschließend liegen 133 M auf der Nadel und die Stola hat die richtige Breite. Nun arbeite weiter an der Länge.

5. Stricke in dieser Einteilung:

In der folgenden Hinreihe: 3 Randm kraus rechts, 2 M rechts zusammenstricken, bis zu den letzten 3 M glatt rechts, 1 M aus dem Querfaden zunehmen und die Reihe mit 3 Randm kraus rechts beenden.

In der folgenden Rückreihe: die ersten 3 M und die letzten 3 M der Reihe kraus rechts und die M in der Mitte links stricken. Die M-Zahl von 133 M ändert sich dabei nicht.

Dann wiederhole diese beiden Reihen, bis du insgesamt 10 Blockstreifen gestrickt hast. Nun werden nach und nach wieder M abgenommen.

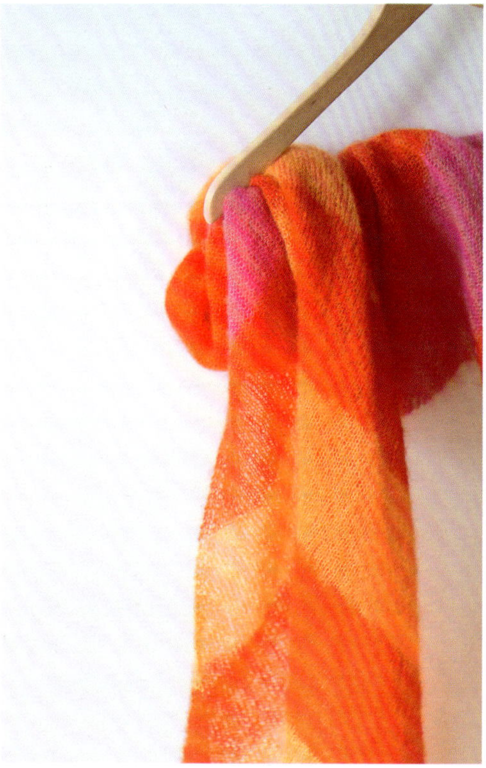

6. Arbeite dazu in dieser Einteilung:

In der folgenden Hinreihe: 3 Randm kraus rechts, 2 M rechts zusammenstricken, glatt rechts bis zu den letzten 5 M, 2 M rechts zusammenstricken und die Reihe mit 3 Randm kraus rechts beenden.

In der folgenden Rückreihe: die ersten 3 M und die letzten 3 M der Reihe kraus rechts und die M in der Mitte links stricken.

Dann wiederhole diese beiden Reihen, bis noch 5 M auf der Nadel sind. Stricke dabei in der letzten Rückreihe, also der 32. Reihe des letzten Streifens, erst 2 M rechts zusammen, dann 3 M rechts zusammen = 2 M.

7. Schneide den Faden ab, ziehe ihn durch die letzten 2 M und vernähe ihn sorgfältig.

Zu guter Letzt!

Lege das Tuch glatt hin und bedecke es mit feuchten Tüchern. Drücke die Feuchtigkeit leicht ins Tuch ein. Lass die feuchten Tücher so lange auf deinem Tuch liegen, bis sie komplett trocken sind. Dann kuschele dich in das fluffige Träumchen von Stola und feiere den Sommer.

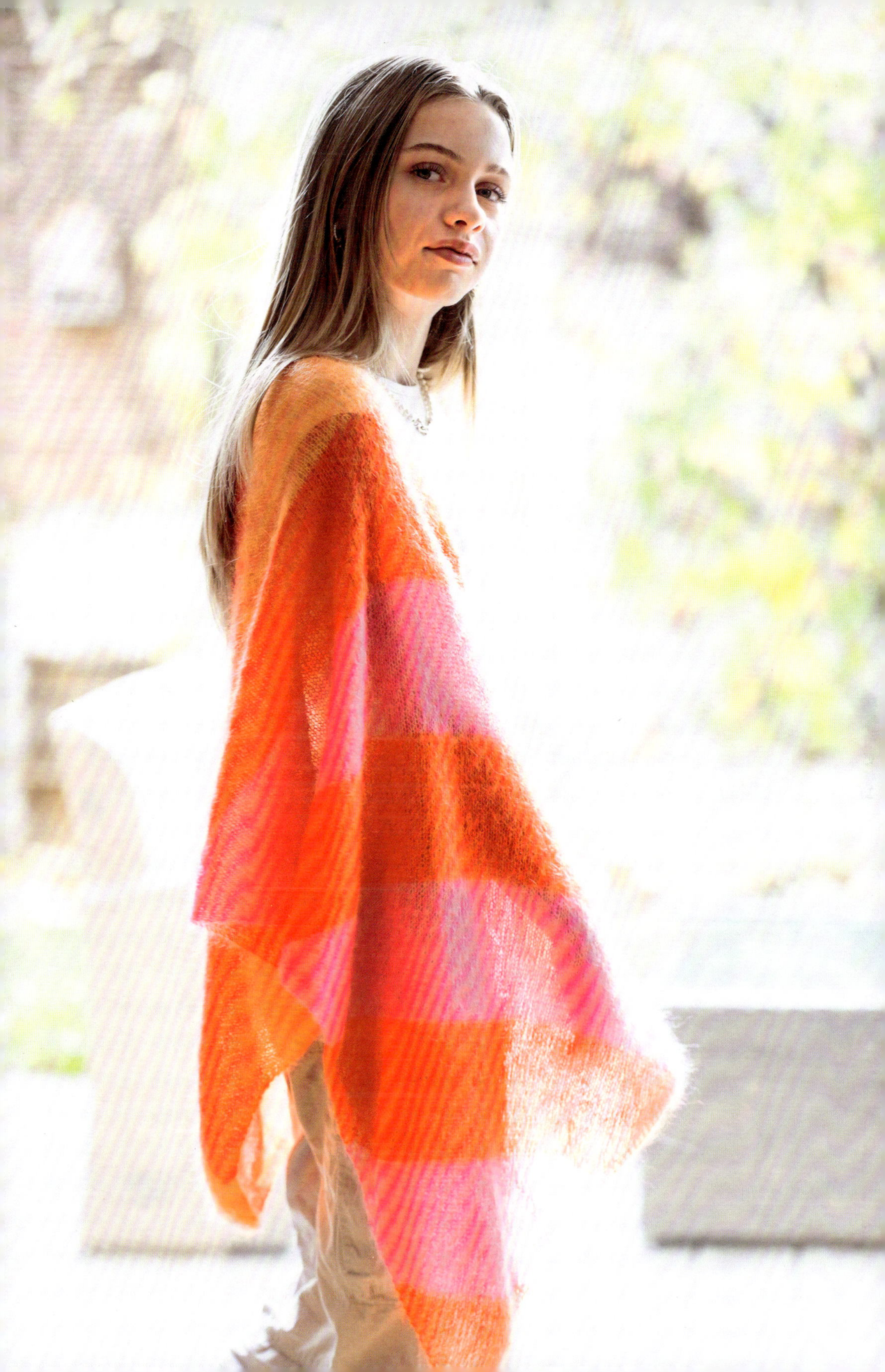

Stola Sunset

Ob du das Tuch nun bei Sonnenaufgang oder -untergang trägst, ist für die opulente Leuchtkraft des knalligen Orangetons ganz egal. Fakt ist, dass es dich nicht nur warmhält, sondern auch einen perfekten Teint zaubert, ob du nun in der Karibik auf leuchtendblaues Wasser schaust, in Norwegen Polarlichter beobachtest oder in Italien die Mandelblüte bewunderst.

Welche Maschen musst du beherrschen, um dieses Modell zu stricken?

- Maschen anschlagen
- Rechte Maschen stricken
- Linke Maschen stricken
- 1 Masche verdoppeln: die Masche einmal rechts und einmal rechts verschränkt abstricken, dann erst von der linken Nadel heben
- 1 Umschlag auf die Nadel nehmen
- 2 Maschen rechts zusammenstricken
- Maschen abketten

Welches Material benötigst du?

- **Elastico** von **Lana Grossa** (96% Baumwolle, 4% Polyester) mit einer Lauflänge von 160 m/50 g:
- 450 g **Dunkelorange** (Fb 136)
- je eine Rundstricknadel der Stärke 3,5 mm, 60 cm, 80 cm und 120 cm lang

Wie groß ist das fertige Modell?

Das Tuch ist an der rechten, gerade hochlaufenden Kante ca. 165 cm hoch und an der abgeketteten Kante ca. 130 cm breit.

Beachte die Maschenprobe!

Mit Nadelstärke 3,5 mm kraus rechts gestrickt ergeben 25 M in der Breite und 48 Reihen (= 24 Querrippen) in der Höhe ein Quadrat von 10 cm × 10 cm.

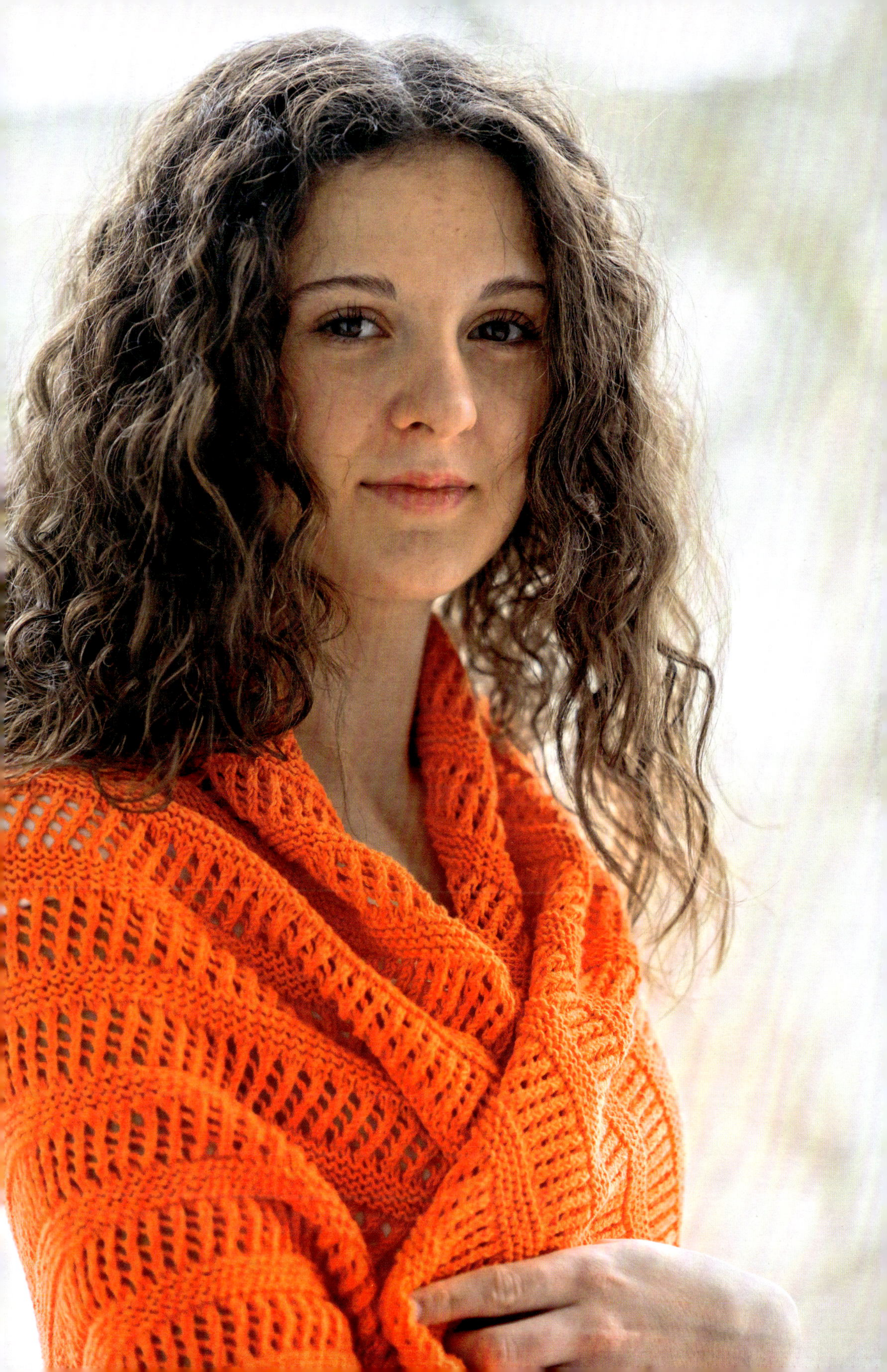

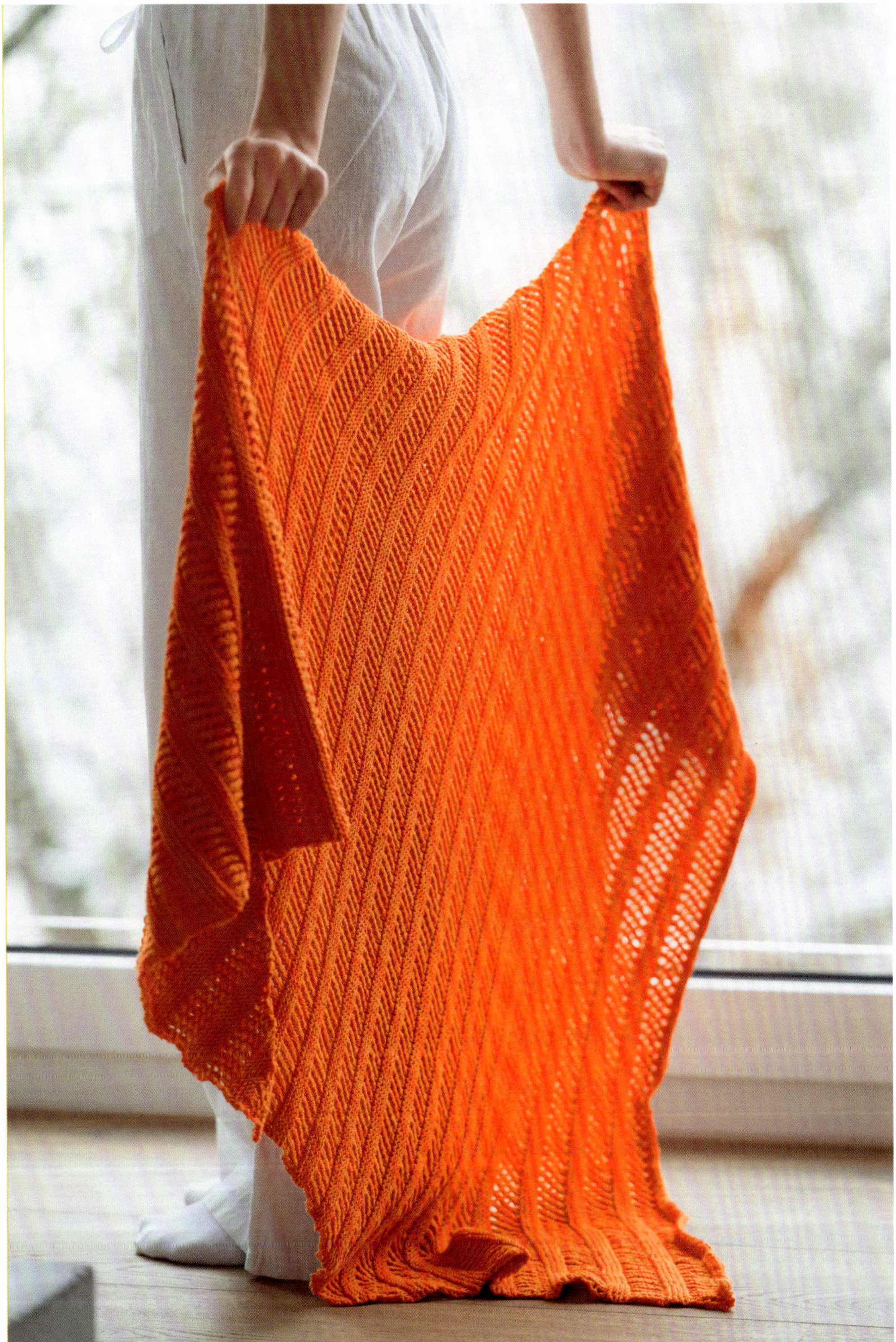

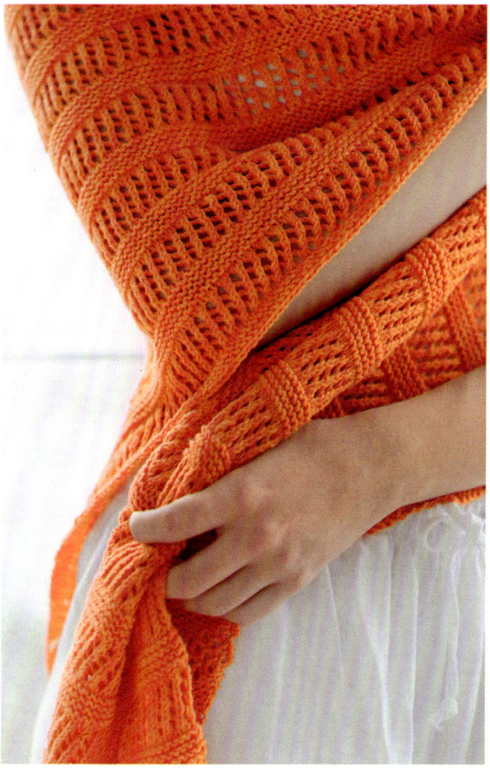

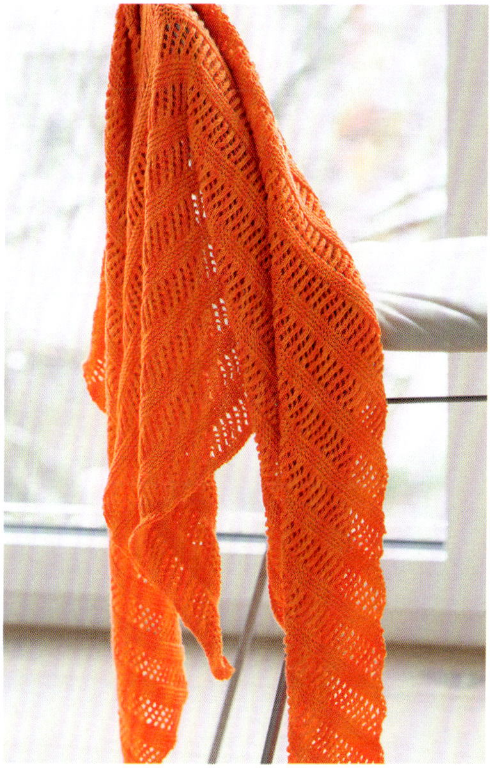

Welches Muster wird gestrickt?

Lochmuster – Rippen: nach der Strickschrift arbeiten. Die pink umrahmten M bilden den Rapport des Lochmusters, die ab der 37. Reihe wiederholt werden. Es sind Hin- und Rückreihen gezeichnet. In jeder Hinreihe wird eine M zugenommen. In den kraus rechts gestrickten Rippen erfolgt die Zunahme durch Verdoppelung der letzten M in den Hinreihen, in den Lochmuster-Reihen durch einen zusätzlichen Umschlag nach der letzten Abnahme des Musters. Die 1.–36. Reihe stets wiederholen. Dabei kommen durch die Zunahmen immer mehr Musterrapporte hinzu.

Was du sonst noch wissen musst!

Beginne mit der kürzesten Rundstricknadel und wechsele nach und nach zu den längeren Nadeln, wenn entsprechend viele Maschen zugenommen sind.

Jetzt geht's los!

1. Schlage 3 M an und verknote den Anschlagsfaden.

2. Stricke in der ersten Rückreihe alle 3 M rechts.

3. Nun arbeite nach der Strickschrift weiter. Sie beginnt mit der 1. Reihe als Hinreihe.

4. Stricke insgesamt 16× die 1.–36. Reihe = 576 Reihen.

5. Wiederhole anschließend noch einmal die 1.–4. Reihe.

6. Dann kette alle M ab. Bemühe dich, dabei locker zu stricken.

7. Vernähe sorgfältig alle Fäden.

Zu guter Letzt!

Lege das Tuch glatt hin und bedecke es mit feuchten Tüchern. Drücke die Feuchtigkeit leicht ins Tuch ein. Lasse die feuchten Tücher so lange auf dem Tuch liegen, bis sie komplett trocken sind. Dann nutze jede Gelegenheit, dein tolles Tuch zu tragen!

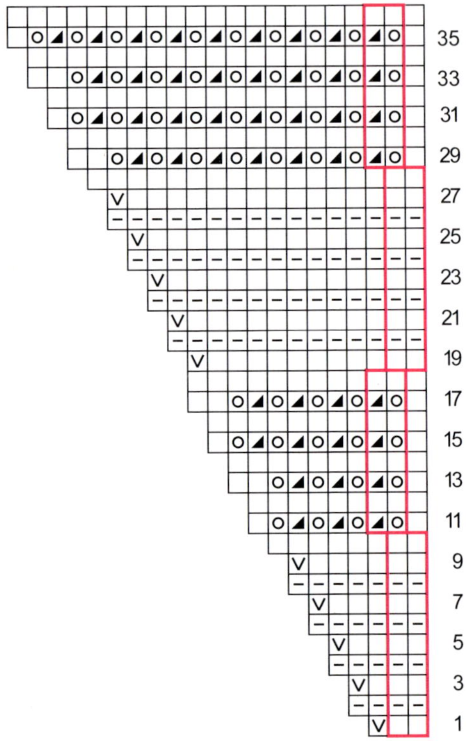

Zeichenerklärung:

□ = in Hinreihen 1 M rechts, in Rückreihen 1 M links

− = in Hinreihen 1 M links, in Hinreihen 1 M rechts

O = 1 Umschlag

V = 1 M verdoppeln: die M erst rechts, anschließend noch einmal rechts verschränkt stricken und erst dann von der linken Nadel heben

◢ = 2 M rechts zusammenstricken

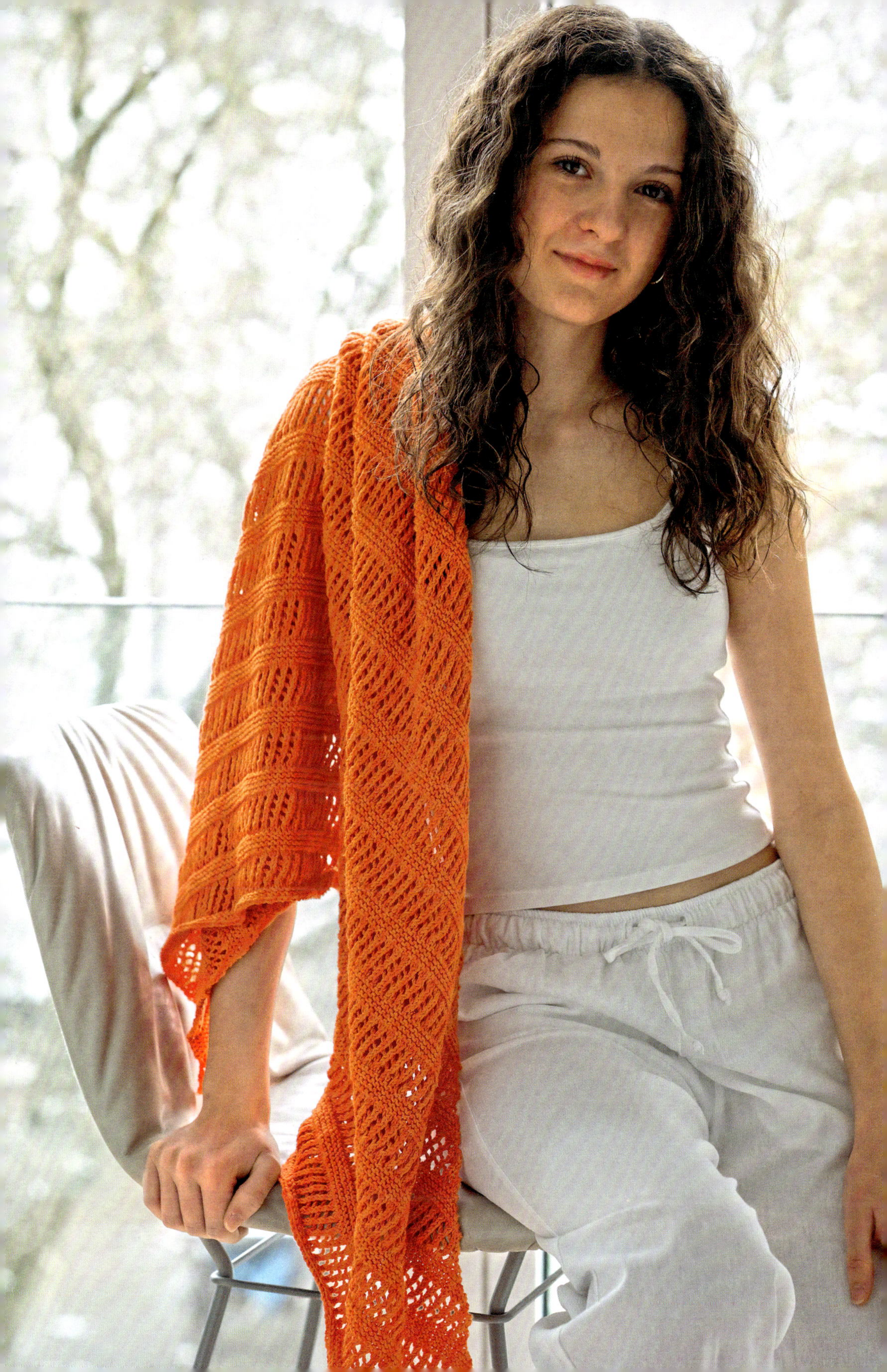

Sommer, Sonne, Stola!

Manchmal braucht man eine Extraportion Wärme, sogar im Sommer. Es weht ein laues Lüftchen, im Restaurant lässt dich die Klimaanlage frösteln oder im Schatten unter dem Blätterdach ist es kühler als der Wetterfrosch versprochen hat. Die perfekte Lösung ist die federleichte und superzarte Stola, die sich wie ein Hauch um deine Schultern legt.

Welche Maschen musst du beherrschen, um dieses Modell zu stricken?

- Maschen anschlagen
- Rechte Maschen stricken
- Maschen abketten

Welches Material benötigst du?

- **Silkhair** von **Lana Grossa** (70% Mohair, 30% Seide) mit einer Lauflänge von 210 m/25 g:
- 150 g **Dottergelb** (Fb 170)
- Stricknadeln der Stärke 5 mm

Wie groß ist das fertige Modell?

Die Stola ist ca. 55 cm breit und 170 cm lang, sodass du sie statt wärmender Jacke einsetzen kannst. Beim Tragen hängt die Stola durch die Maschenstruktur noch etwas aus, vor allem in der Breite. Für noch mehr Boho-Feeling wickele dir vier dicke Quasten und befestige sie an den Ecken der Stola.

Beachte die Maschenprobe!

Mit Nadelstärke 5 mm im Patentmuster gestrickt ergeben 11 M in der Breite und 26 Reihen (= 13 sichtbare rechte Reihen) in der Höhe ein Quadrat von 10 cm × 10 cm.

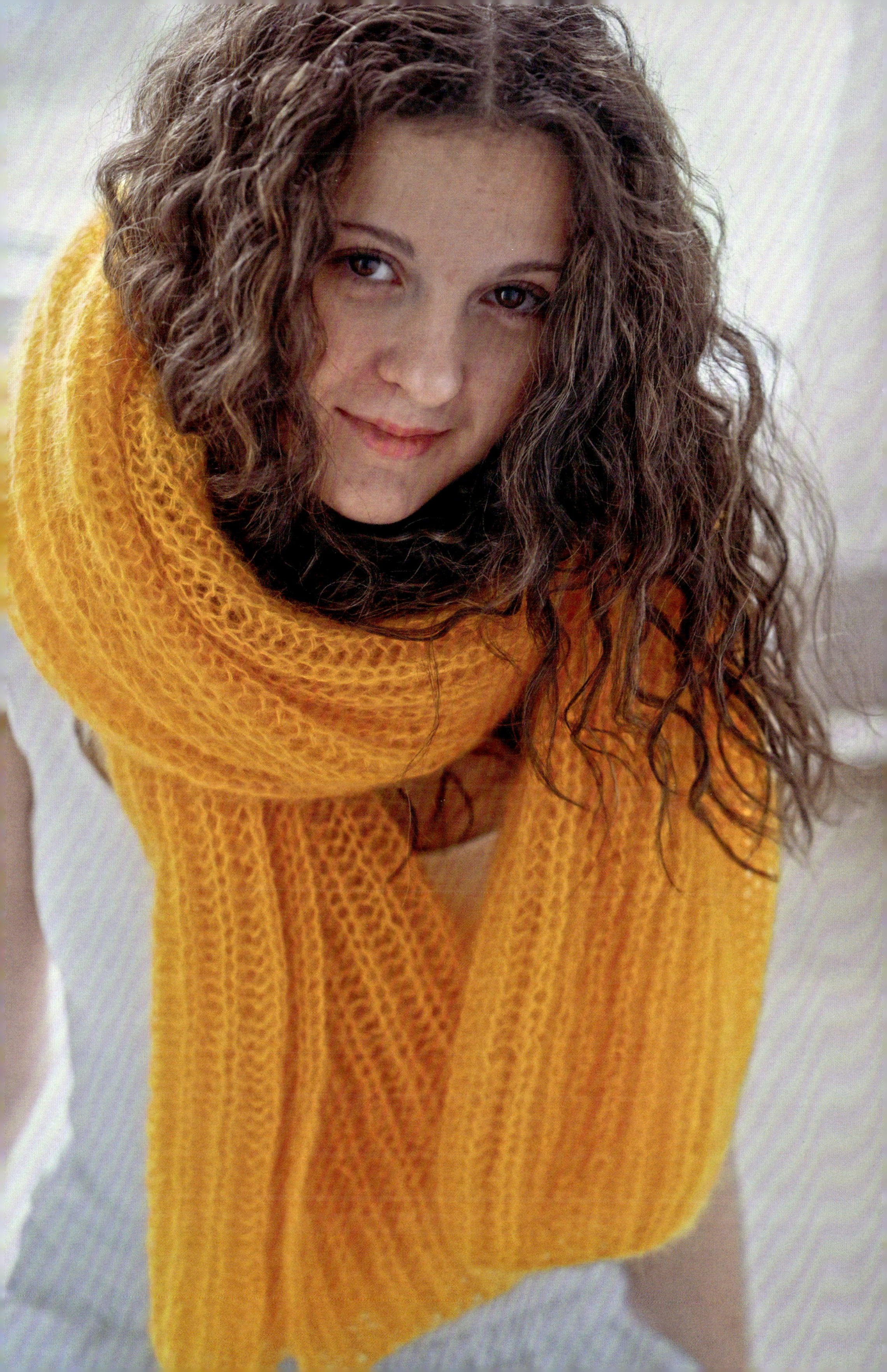

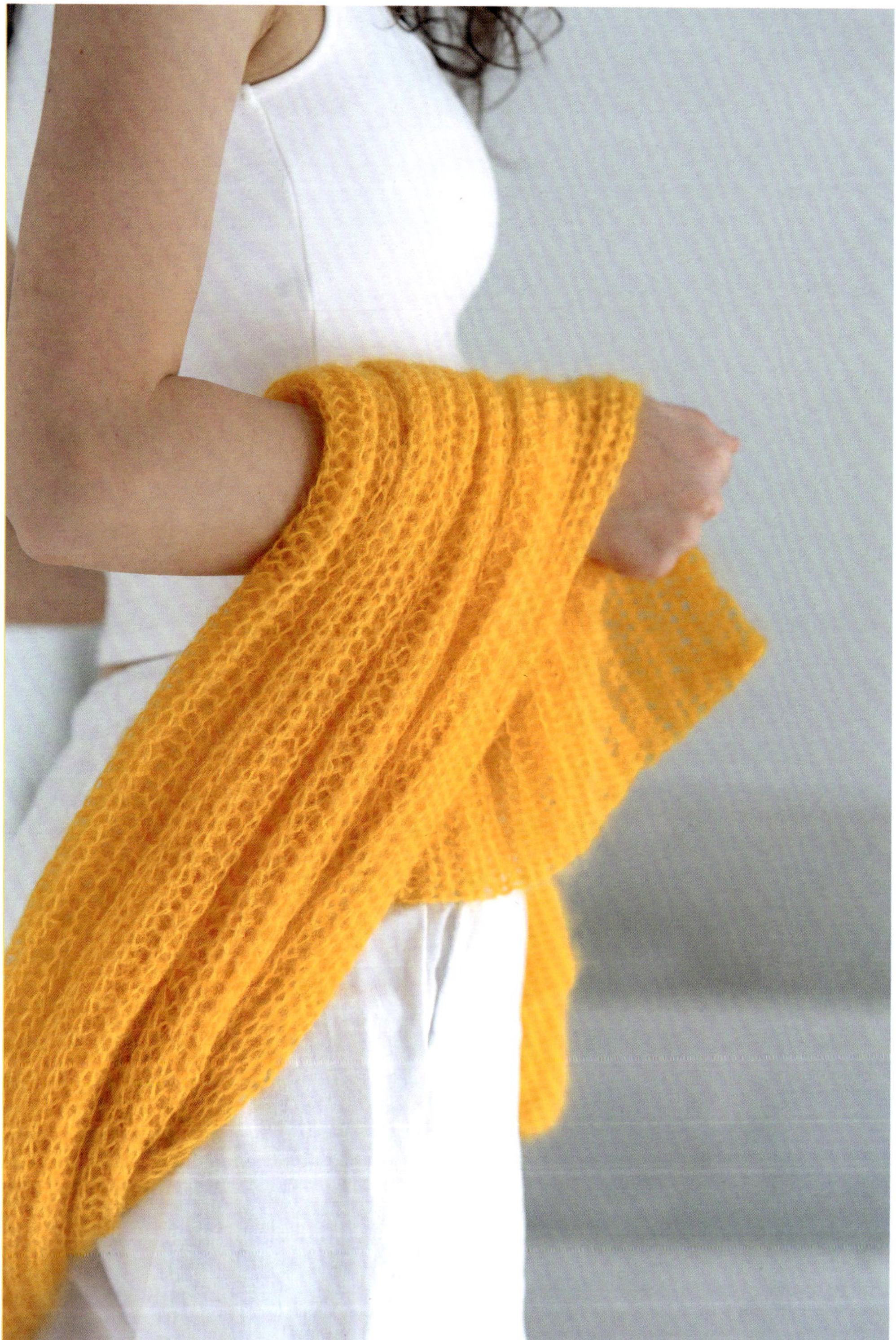

Welches Muster wird gestrickt?

Patentmuster: über eine gerade M-Zahl

Basis-Reihe: * 1 M wie zum Linksstricken abheben und gleichzeitig 1 Umschlag auf die Nadel nehmen, 1 M rechts stricken, ab * stets wiederholen.

1. Reihe: * 1 M wie zum Linksstricken abheben und gleichzeitig einen Umschlag auf die Nadel nehmen, dann 1 M mit dem Umschlag der Vorreihe rechts zusammenstricken, ab * stets wiederholen.

Stricke alle weiteren Hin- und Rückreihen wie die 1. Reihe.

Was du sonst noch wissen musst:

Die Stola wird durchgehend mit 2 Fäden gleichzeitig gestrickt. Wenn du ein neues Knäuel beginnst, stricke das Fadenende über ca. 5–7 M mit ein. Obwohl du an den Stellen dreifädig strickst, fällt der Ansatz weniger auf.

Jetzt geht's los!

1. Schlage mit 2 Fäden 70 M an und verknote die Anschlagsfäden.

2. Beginne das Patentmuster mit der Basisreihe.

3. Dann wiederhole so lange die Musterreihe, bis der Schal 185 cm lang ist.

4. Kette alle M ab und bemühe dich, dabei locker zu stricken.

5. Vernähe sorgfältig alle Fäden.

Zu guter Letzt!

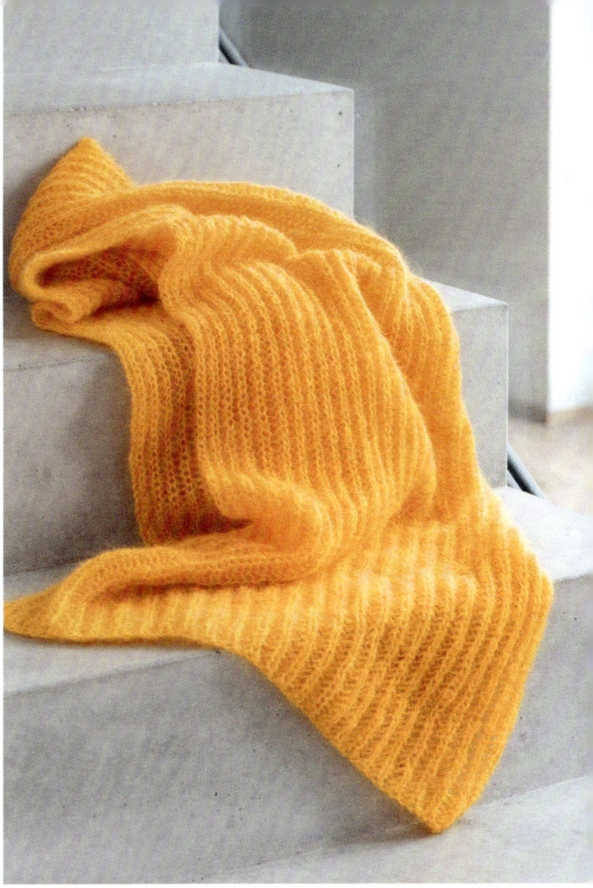

Es ist nichts weiter zu tun, als dir die Stola um die gebräunten Schultern zu legen und den Abend zu genießen.

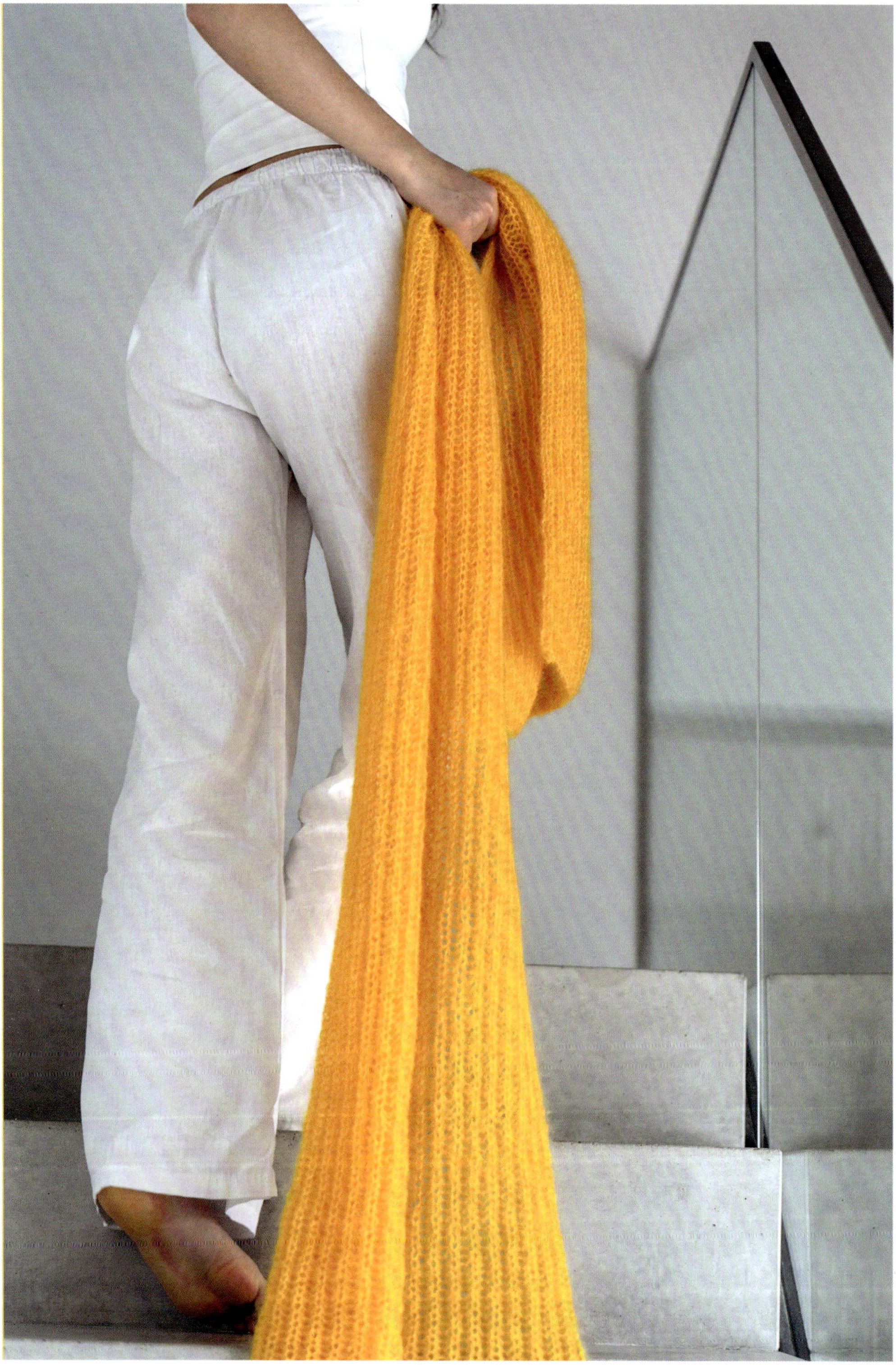

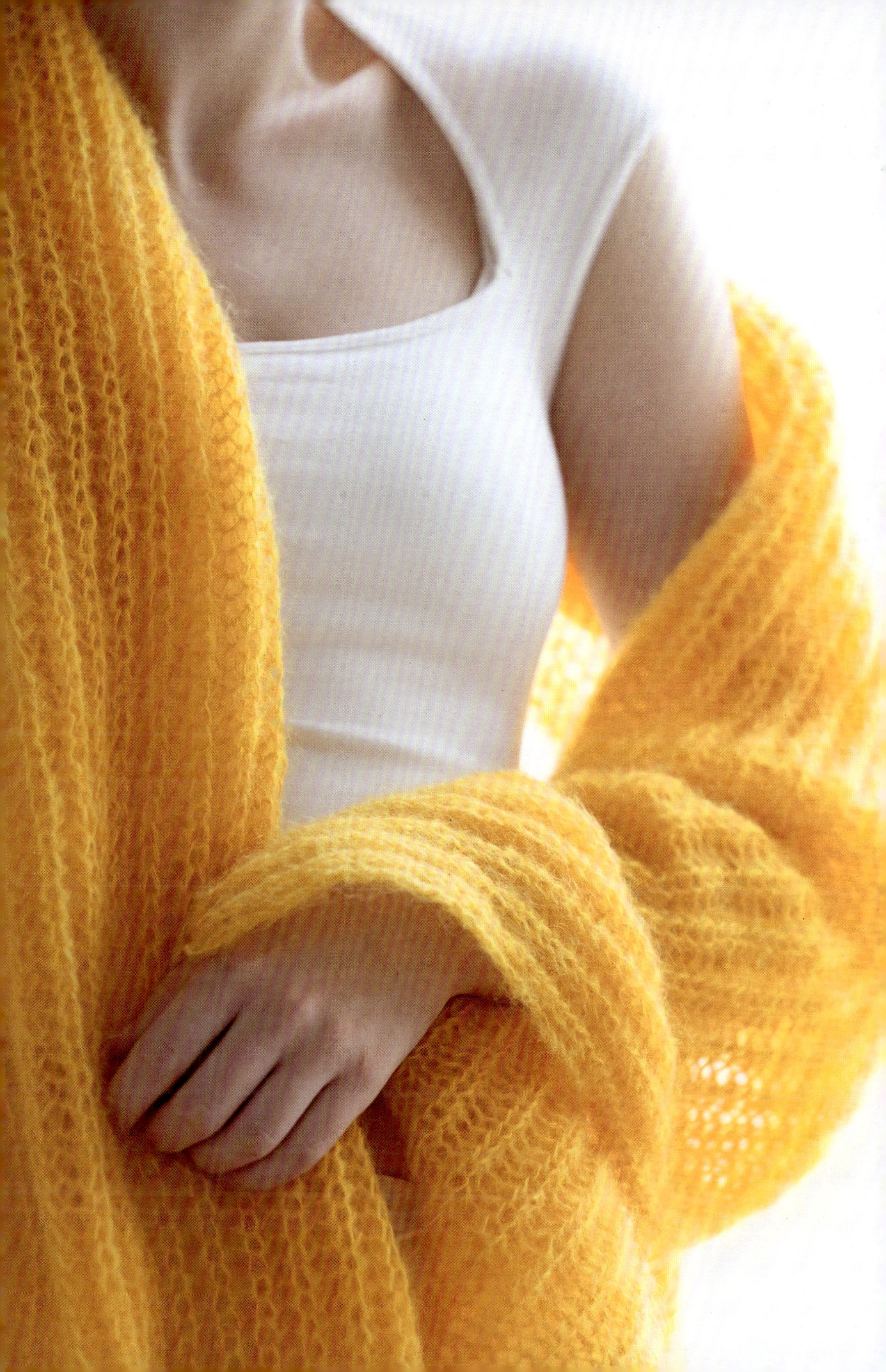

Tuch Landliebe

Bei diesem Tuch kannst du einige Knäuel lang perfekt entschleunigen, da du nur rechte Maschen strickst. Ganz easy und entspannt. Danach geht es dann bei der Bordüre um die Wurst, sei dabei voll konzentriert, dann schaffst du das aufwendige Muster mit den kniffeligen Zunahmen an der Spitze. Das wird schon, versprochen!

Welche Maschen musst du beherrschen, um dieses Modell zu stricken?

- Maschen anschlagen
- Rechte Maschen stricken
- Linke Maschen stricken
- 2 Maschen rechts zusammenstricken
- 2 Maschen überzogen zusammenstricken
- 3 Maschen überzogen zusammenstricken
- 1 Umschlag auf die Nadel nehmen
- 1 Masche aus dem Querfaden zunehmen
- Maschen abketten

Welches Material benötigst du?

- **Elastico** von **Lana Grossa** (96% Baumwolle, 4% Polyester) mit einer Lauflänge von 160 m/50 g:
- 250 g **Fliederlila** (Fb 164) und
- 150 g **Nelke** (Fb 127)
- je eine Rundstricknadel der Stärke 4 mm, 60 cm, 80 cm und 120 cm lang

Wie groß ist das fertige Modell?

Das Tuch ist in der vorderen Mitte 72 cm hoch und an der langen Kante 175 cm breit.

Beachte die Maschenprobe!

Mit Nadelstärke 4 mm kraus rechts gestrickt ergeben 22 M in der Breite und 40 Reihen (= 20 Querrippen) in der Höhe ein Quadrat von 10 cm × 10 cm.

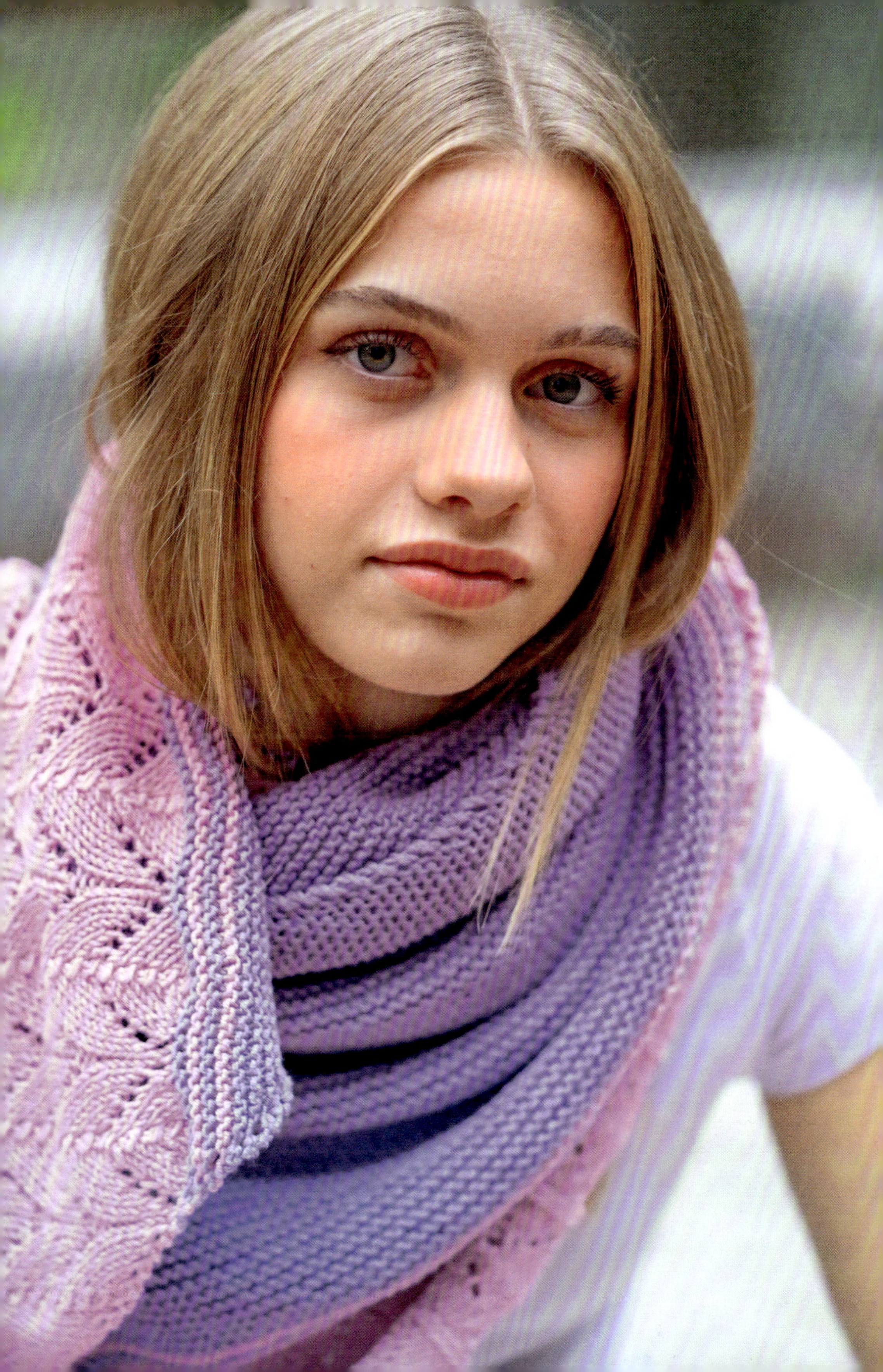

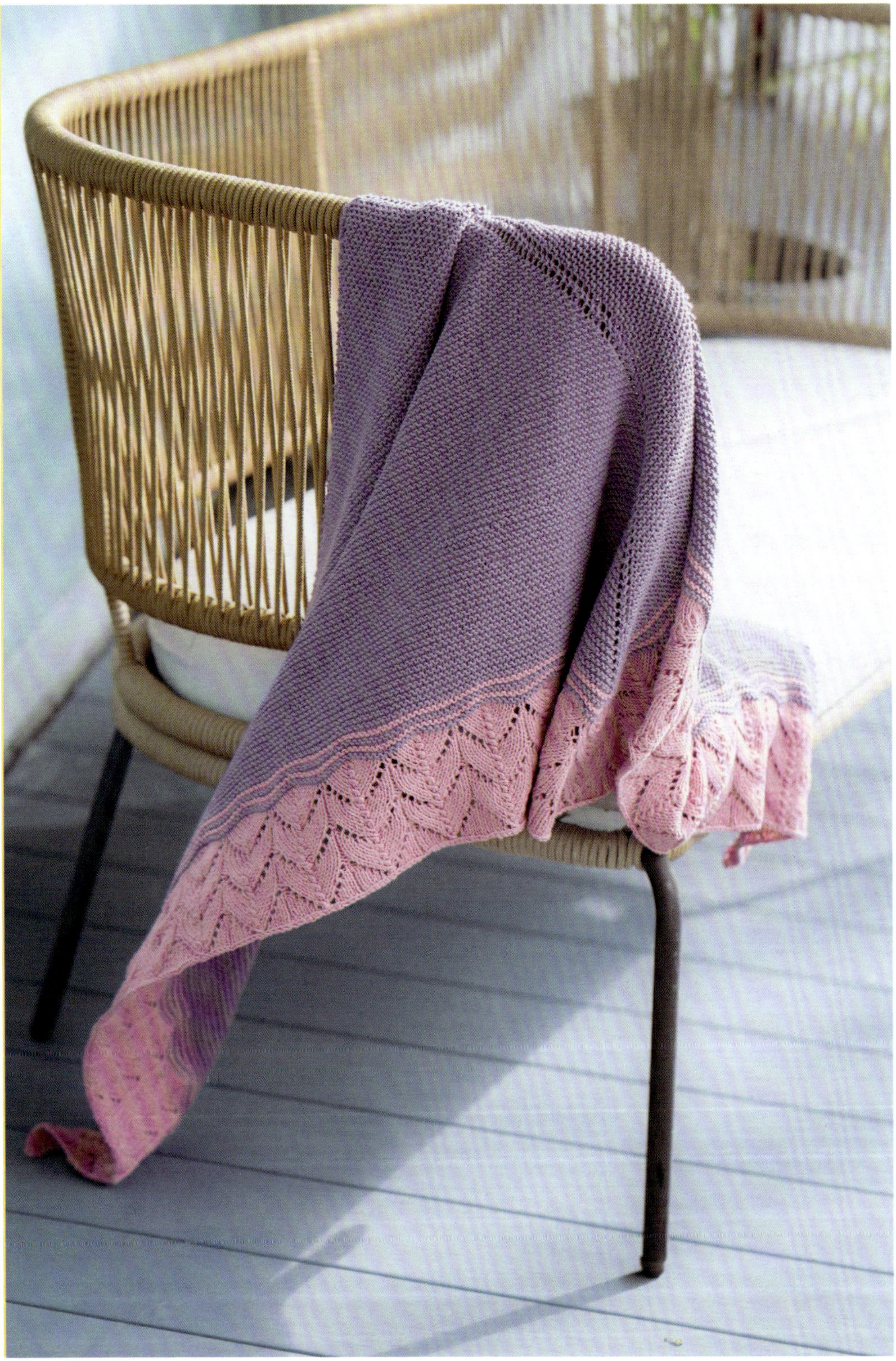

Welches Muster wird gestrickt?

Kraus rechts: in Hin- und Rückreihen rechte M stricken.

Bordürenmuster: nach der Strickschrift arbeiten. Es sind nur die Hinreihen gezeichnet. In den Rückreihen die M stricken, wie sie erscheinen und in der Legende beschrieben sind. Die blau umrahmten M bilden den Rapport des Lochmusters. In der 11.–20. Reihe die Mittelzunahmen in dem pink umrahmten Kasten wie in der darüber gezeichneten Strickschrift arbeiten. Auf diese Weise bleibt die Strickschrift übersichtlicher. Die 1.–30. Reihe 1× stricken.

Was du sonst noch wissen musst!

Beginne mit der kürzesten Rundstricknadel und wechsele nach und nach zu den längeren Nadeln, wenn entsprechend viele Maschen zugenommen sind.

Randmaschen: alle M arbeiten, wie in der Strickschrift notiert.

Jetzt geht's los!

1. Schlage 3 M mit **Fliederlila** an.

2. Verknote den Anschlagsfaden und stricke in einer ersten Rückreihe als Basis-Reihe 2 M rechts, hänge 1 Markierer auf die rechte Nadel und stricke noch 1 M rechts.

3. Stricke in dieser Einteilung:

1. Hinreihe (Hinreihe): 1 M rechts, 1 Umschlag, den Markierer auf die rechte Nadel heben, 1 M rechts (= Mittel-M), 1 Umschlag, 1 M rechts.

2. Reihe (Rückreihe): alle M und Umschläge rechts, dabei den Markierer einfach von der linken auf die rechte Nadel heben = 5 M.

3. Reihe (Hinreihe): 2 M rechts, 1 Umschlag, den Markierer auf die rechte Nadel heben, 1 M rechts (= Mittel-M), 1 Umschlag, 2 M rechts.

4. Reihe (Rückreihe): alle M und Umschläge rechts stricken, den Markierer dabei einfach von der linken auf die rechte Nadel heben = 7 M.

5. Reihe (Hinreihe): 1 M rechts, 1 Umschlag, alle M bis zum Markierer rechts stricken, 1 Umschlag, den Markierer auf die rechte Nadel heben, die Mittel-M rechts stricken, 1 Umschlag, alle M bis 1 M vor Reihenende rechts stricken, 1 Umschlag, 1 M rechts stricken = 4 M zugenommen: jeweils 1 M nach der 1. M, vor der letzten M sowie an beiden Seiten der Mittel-M.

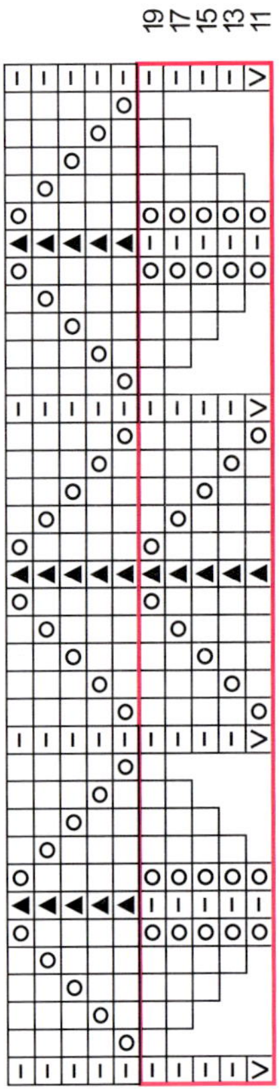

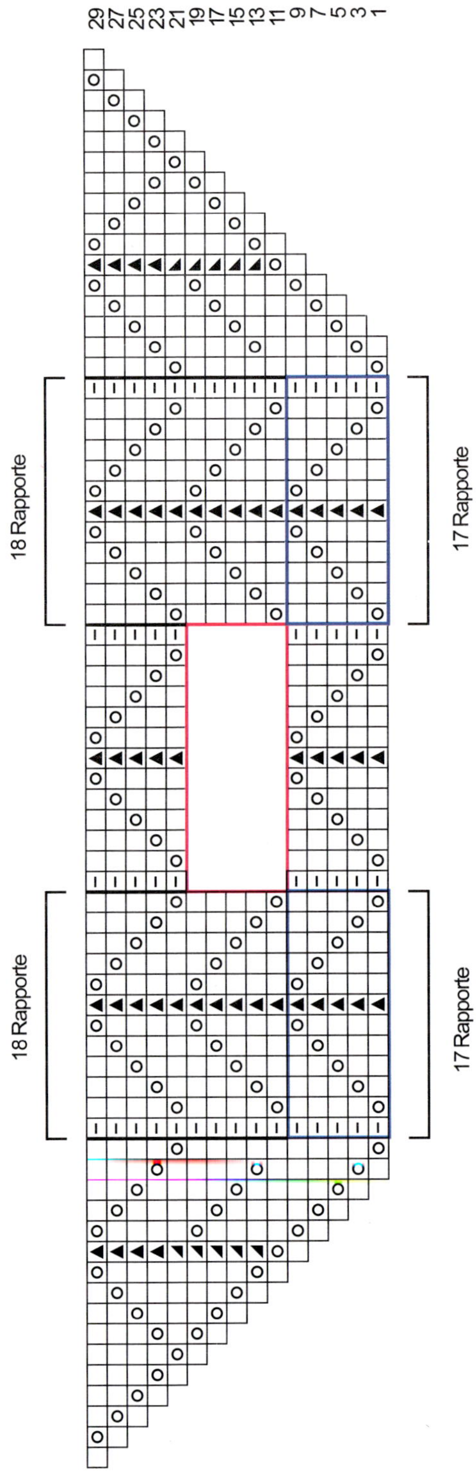

Zeichenerklärung:

- □ = 1 M rechts, in der folgenden Rückreihe links stricken
- ⊟ = 1 M links, in der folgenden Rückreihe rechts stricken
- O = 1 Umschlag, in der folgenden Rückreihe links stricken
- V = 1 M rechts verschränkt aus dem Querfaden herausstricken, in der folgenden Rückreihe links stricken
- ◢ = 2 M rechts zusammenstricken, in der folgenden Rückreihe links stricken
- ◣ = 1 Überzug: 1 M wie zum Rechtsstricken abheben, 1 M rechts stricken, dann die abgehobene M überziehen; in der folgenden Rückreihe links stricken
- ▲ = 1 doppelter Überzug: 1 M zusammen wie zum Rechtsstricken abheben, 2 M rechts zusammenstricken, dann die abgehobenen M überziehen; in der folgenden Rückreihe links stricken

6. Reihe (Rückreihe): alle M und Umschläge rechts stricken, dabei den Markierer einfach von der linken auf die rechte Nadel heben.
Wiederhole anschließend die 5. und 6. Reihe, bis 407 M auf der Nadel sind.

4. Wiederhole nun noch weiter die 5. und 6. Reihe, wechsele aber zu Nelke und stricke jeweils 2 Reihen in Nelke, in Fliederlila, in Nelke und noch einmal in Fliederlila = 423 M.

5. Schneide den Faden in Fliederlila ab und stricke nur noch mit Nelke. Stricke die **Bordüre** nach der Strickschrift und teile die M dazu in der 1. Reihe so ein: 1 Randm, 1 Umschlag für die Seitenzunahme, 17× den Rapport von 12 M vor der Mitte (= 204 M), dann die M für den Mittelbereich mit 13 M, 17× den Rapport von 12 M nach der Mitte (= 204 M), 1 Umschlag für die Seitenzunahme und 1 Randm.

6. Stricke auf diese Weise 1× die 1.–10. Reihe der Strickschrift, wiederhole dabei die blau umrahmten Rapporte.

7. Dann stricke die 11.–20. Reihe der Strickschrift, beginne dabei mit den M vor der Mitte, stricke dann die pink umrahmten mittleren M, die jetzt wegen der Zunahmen separat gezeichnet sind, und dann die M links der Mitte. In der Mitte wird nun nach und nach ebenfalls zugenommen. Rechts und links des mittleren Rapports entsteht so jeweils ein zusätzlicher Rapport.

8. Nun stricke die 21.–30. Reihe der Strickschrift. Rechts und links der Mitte ergeben sich durch die Zunahmen in der Mitte aus den vorigen Reihen nun 18 Rapporte von je 12 M.

9. Kette in der 31. Reihe alle M ab und stricke dabei möglichst locker.

10. Vernähe sorgfältig alle Fäden.

Zu guter Letzt!

Dämpfe mit viel Dampf und niedriger Temperatur die Bordüre in Form. Vermeide, das Bügeleisen auf das Tuch zu setzen, sondern halte es zum Bedampfen nur knapp darüber. Ziehe die Bordüre besonders in der Mitte schön in Form und lass das Tuch trocknen. Wenn es dir Spaß gemacht hat, strick doch gleich noch eins und beschenke deine beste Freundin. Karma kommt immer zurück!

Stola Fluffy Icecream

Wie ein Softeis legt sich diese leichte und superweiche Sommerstola um deine Schultern. Das wunderschöne dreifädige Mohairgarn wird mit extragroßen Nadeln gestrickt und kommt dadurch noch besser zur Geltung. Der Seidenglanz und der dezente Farbverlauf geben der Kuschelstola einen zarten, femininen und sinnlichen Touch. Ein echter Traum für die Sommernächte am Strand oder auf dem Balkon. Und das Beste ist, du kannst die Stola auch im Herbst und Winter einfach als Schal weitertragen.

Welche Maschen musst du beherrschen, um dieses Modell zu stricken?

- Maschen anschlagen
- Rechte Maschen stricken
- Linke Maschen stricken
- Maschen abketten

Welches Material benötigst du?

- **Essentials Super Kid Mohair Loves Silk Colourlove** (72% Mohair, 28% Seide) von **Rico Design** mit einer Lauflänge von 265 m/100 g:
- 200 g **Pink** (Fb 383244.011)
- Stricknadeln der Stärke 10 mm und 12 mm

Wie groß ist das fertige Modell?
Der fertige Schal ist 80 cm breit und 180 cm lang. Falls du ihn länger haben möchtest, kein Problem! Du hast vom zweiten Knäuel noch etwas Wolle übrig und kannst deinen Schal also ruhig um einige Zentimeter verlängern.

Beachte die Maschenprobe!
Mit Nadelstärke 12 mm im Perlmuster gestrickt ergeben 8 M in der Breite und 19,5 Reihen in der Höhe ein Quadrat von 10 cm × 10 cm.

Welches Muster wird gestrickt?
Perlmuster: in den Hin- und den Rückreihen jeweils 1 rechte M und 1 linke M im Wechsel stricken, dabei das Muster in jeder Reihe um 1 M versetzen, also über jede rechte M eine linke M stricken und über jede linke M eine rechte M.

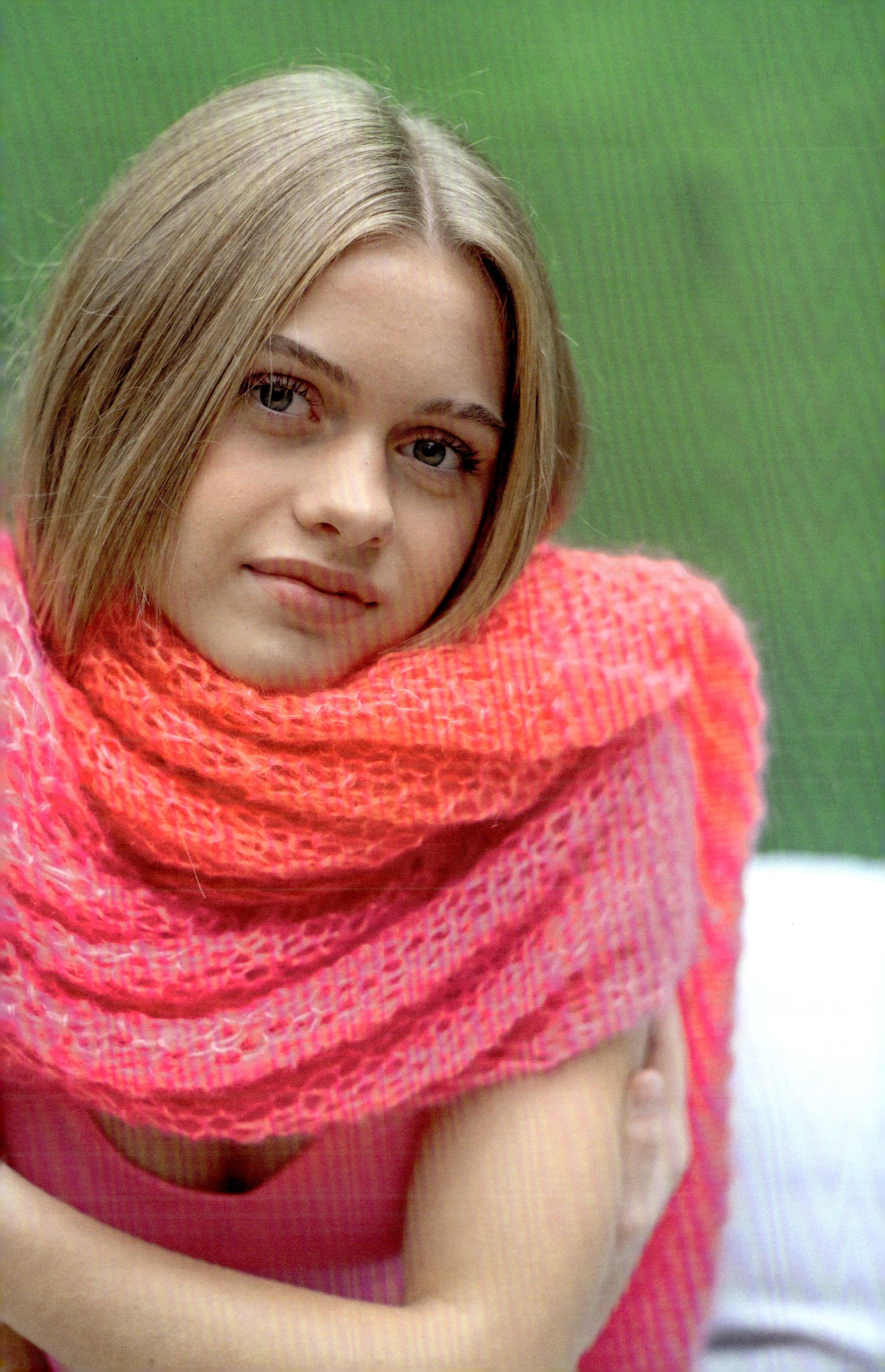

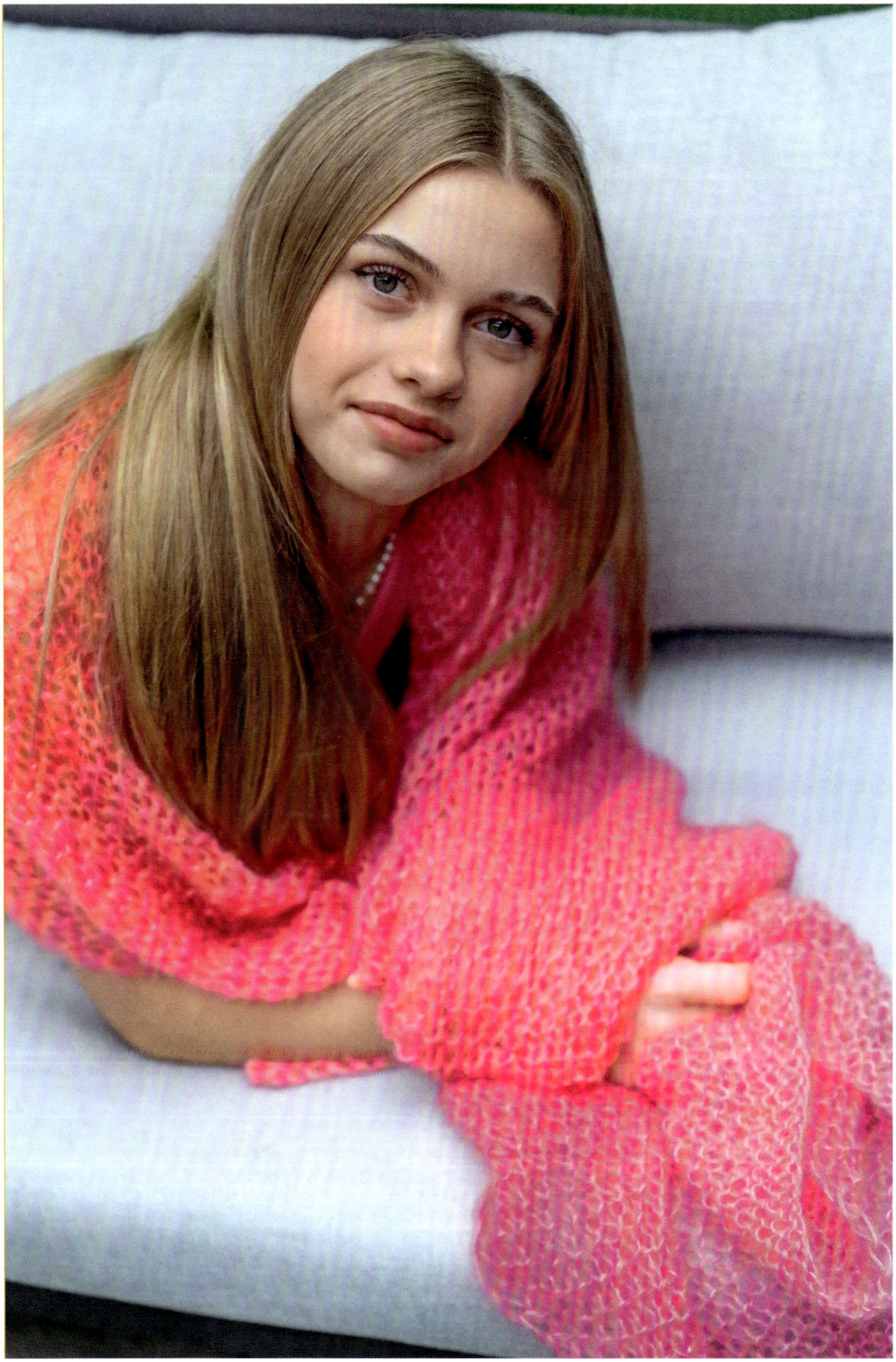

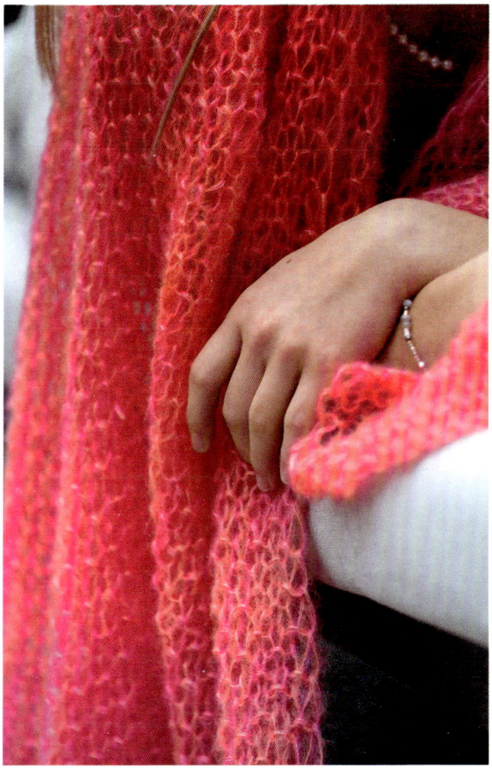

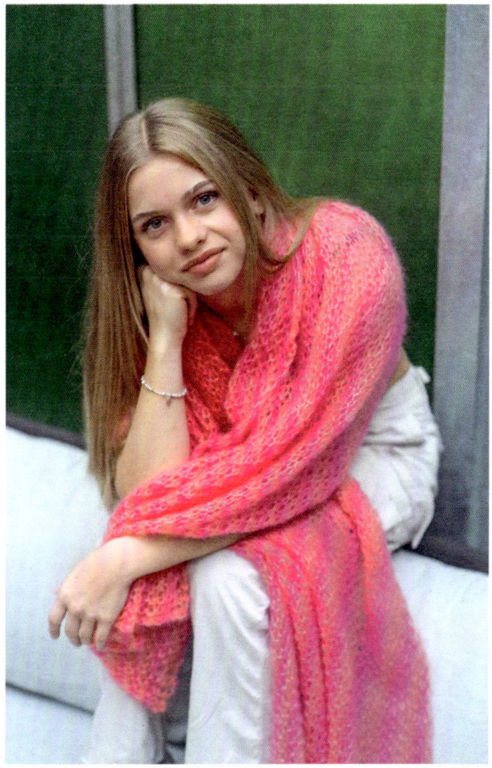

Jetzt geht's los!

1. Schlage 62 M mit den Stricknadeln der Stärke 10 mm an.

2. Verknote den Anschlagsfaden und stricke 5 Reihen rechte M.

3. Stricke dann mit den Nadeln der Stärke 12 mm im Perlmuster weiter, bis du 340 Reihen im Perlmuster gearbeitet hast.

4. Stricke die nächsten 5 Reihen wieder mit den Nadeln der Stärke 10 mm wie am Anfang kraus rechts, also nur rechte M.

5. Kette alle M ab und bemühe dich, dabei möglichst locker zu stricken.

6. Vernähe sorgfältig alle Fäden.

Zu guter Letzt!

Geschafft. Dämpfe das Tuch mit viel Dampf in Form und lass es flach liegend trocknen. Dann trage es mit Stolz!

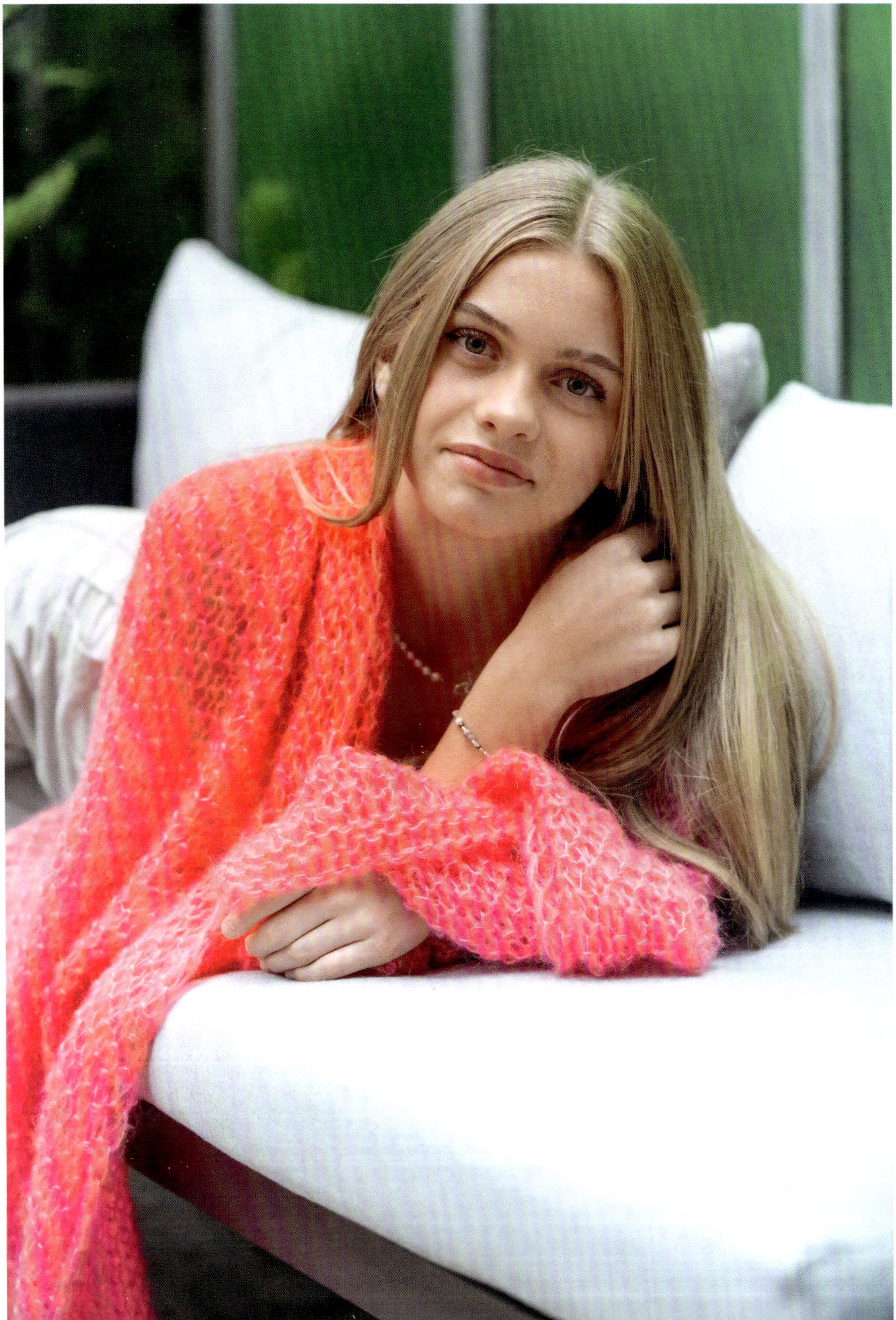

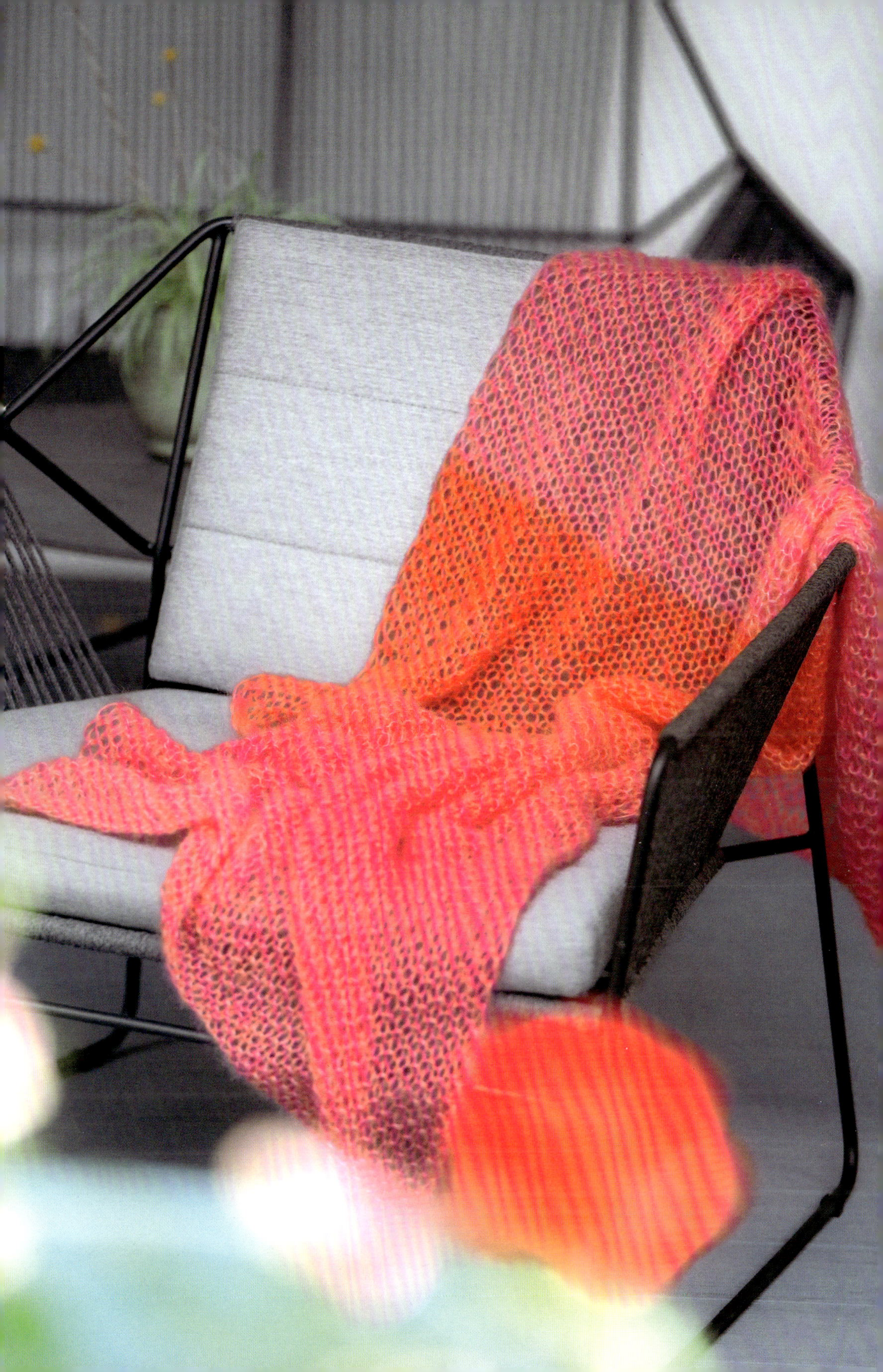

Tuch Nicky

Das kleine kraus rechts gestrickte Dreieckstuch ist leicht asymmetrisch, da dann beim Binden eine schönere Schluppe entsteht. Du kannst dieses Tuch wunderbar aus kleinen Wollresten stricken, die du noch von anderen Modellen übrighast. Es ist also ein echter Resteverwerter. Als kleines Highlight habe ich noch einen feinen Goldfaden in Rosa mitgestrickt.

Welche Maschen musst du beherrschen, um dieses Modell zu stricken?

- Maschen anschlagen
- Rechte Maschen stricken
- 2 Maschen rechts zusammenstricken
- Maschen abketten

Welches Material benötigst du?

- **Kid-Mohair** (70% Kid-Mohair, 30% Lambswool) von **Horstia** mit einer Lauflänge von 100 m/25 g): 25 g **Orange** (Fb 125),
- **Suri Alpaca** (100% Suri Alpaka) von **Lang Yarns** mit einer Lauflänge von 100 m/25 g): 25 g **Salbei** (Fb 1082.0092),
- **Essentials Super Kid Mohair Loves Silk** (70% Mohair, 30% Seide) von **Rico Design**mit einer Lauflänge von 200 m/25 g: 25 g **Altrosa** (Fb 383198.013) und
- **Glitzer** (62% Polyester, 38%Polyamid) von **Woolly Hugs** mit einer Lauflänge von 1000 m/20 g): 20 g **Gold** (Fb 0300)
- Stricknadeln der Stärke 8 mm
- Häkelnadel 4–6 mm

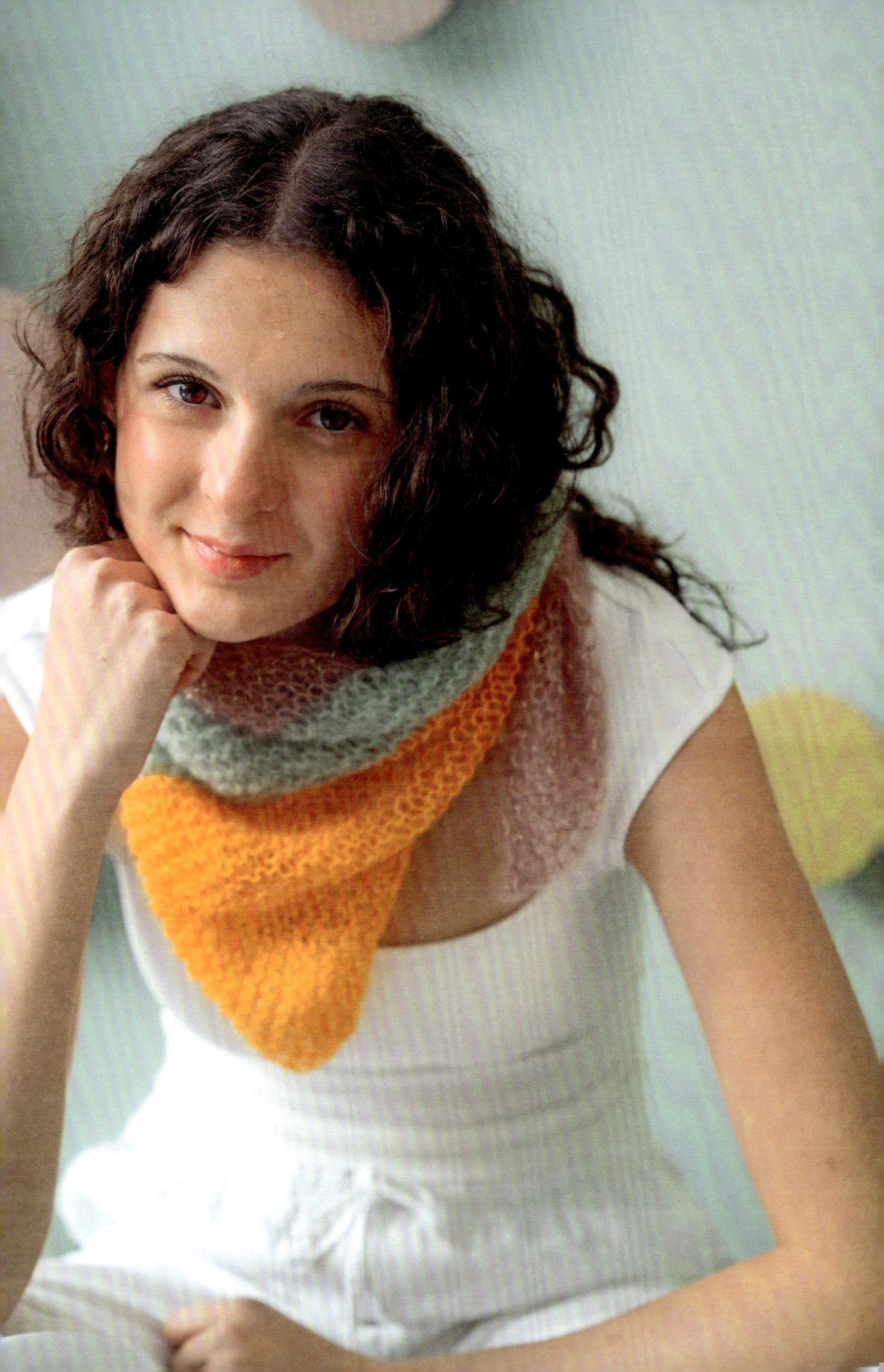

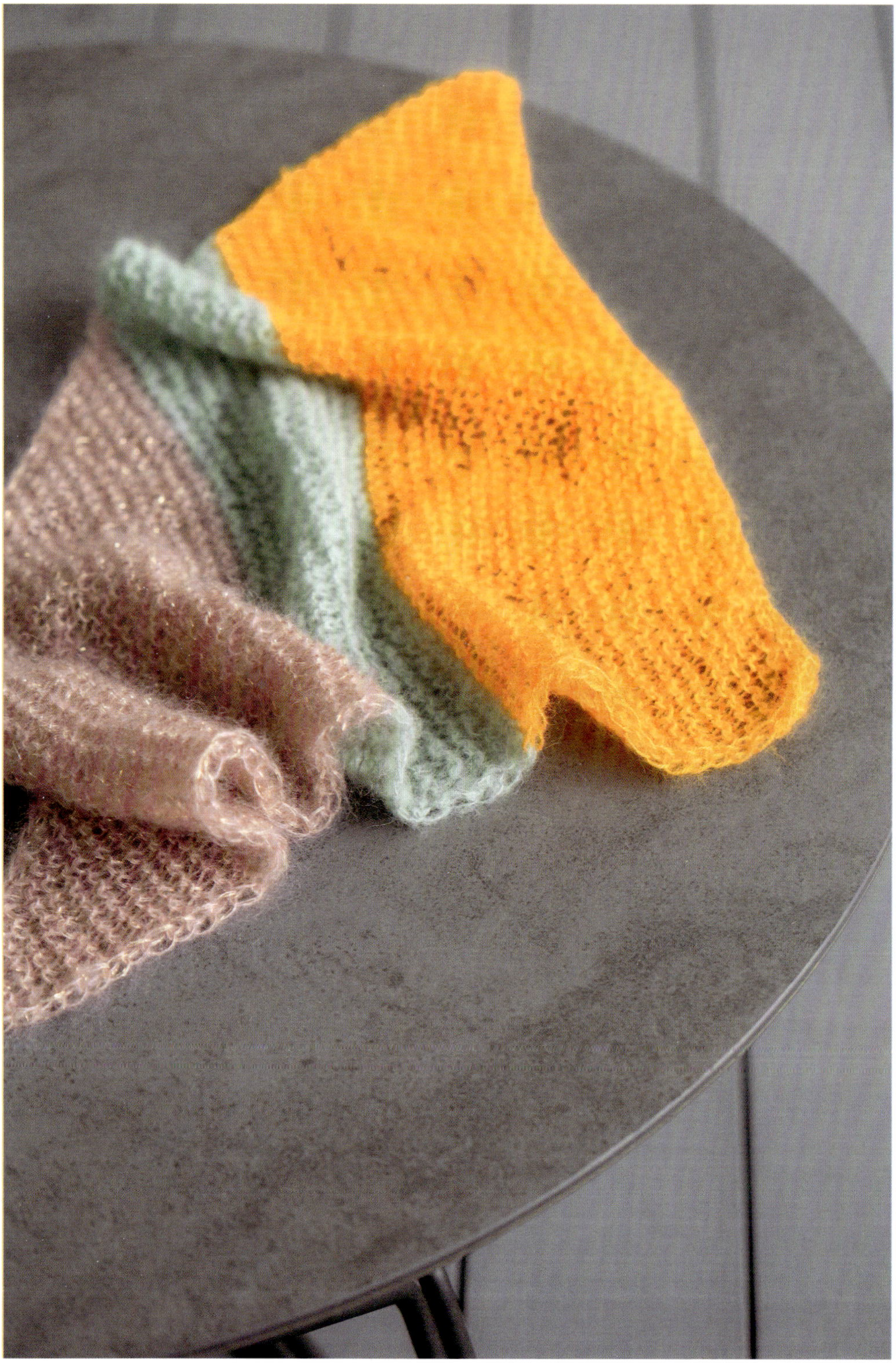

Wie groß ist das fertige Modell?
Die lange Seite des Dreiecks misst ca. 87 cm, die beiden kürzeren Seiten sind ca. 73 cm und 55 cm lang.

Beachte die Maschenprobe!
Mit Nadelstärke 8 mm kraus rechts gestrickt ergeben 11 M in der Breite und 22 Reihen in der Höhe ein Quadrat von 10 cm × 10 cm.

Welches Muster wird gestrickt?
Kraus rechts in Reihen: in Hin- und Rückreihen rechte M stricken.

Wie entstehen die Streifen?
35 Reihen in Orange, 20 Reihen in Salbei und noch 77 Reihen mit jeweils einem Faden in Altrosa und einem Faden des Glitzergarns in Gold stricken.

Wie bekommt das Tuch seine Form?
In jeder 2. Reihe werden die letzten 2 M rechts zusammengestrickt. Die andere Seite läuft ohne Abnahme im rechten Winkel nach oben.

Jetzt geht's los!
1. Schlage 70 M in Orange an.
2. Stricke 70 M rechts.
3. Stricke in allen Reihen alle M rechts und gleichzeitig in jeder 2. Reihe die letzten 2 M rechts zusammen.
4. Stricke auf diese Weise 35 Reihen in Orange, dann 20 Reihen in Salbei und schließlich noch 77 Reihen mit je einem Faden in Altrosa und einem Faden des Glitzergarns in Gold.
5. Kette die letzten 3 M ab.
6. Vernähe sorgfältig alle Fäden.
7. Vernähe die losen Fäden an den Stellen, an denen die Farbe gewechselt wurde, indem du die Fadenenden mit einer Häkelnadel über mehrere Reihen in die Randmaschen derselben Farbe ziehst.

Zu guter Letzt!
Dämpfe das Tuch mit viel Dampf in Form und lass es flach liegend trocknen. Dann trage es mit Stolz.

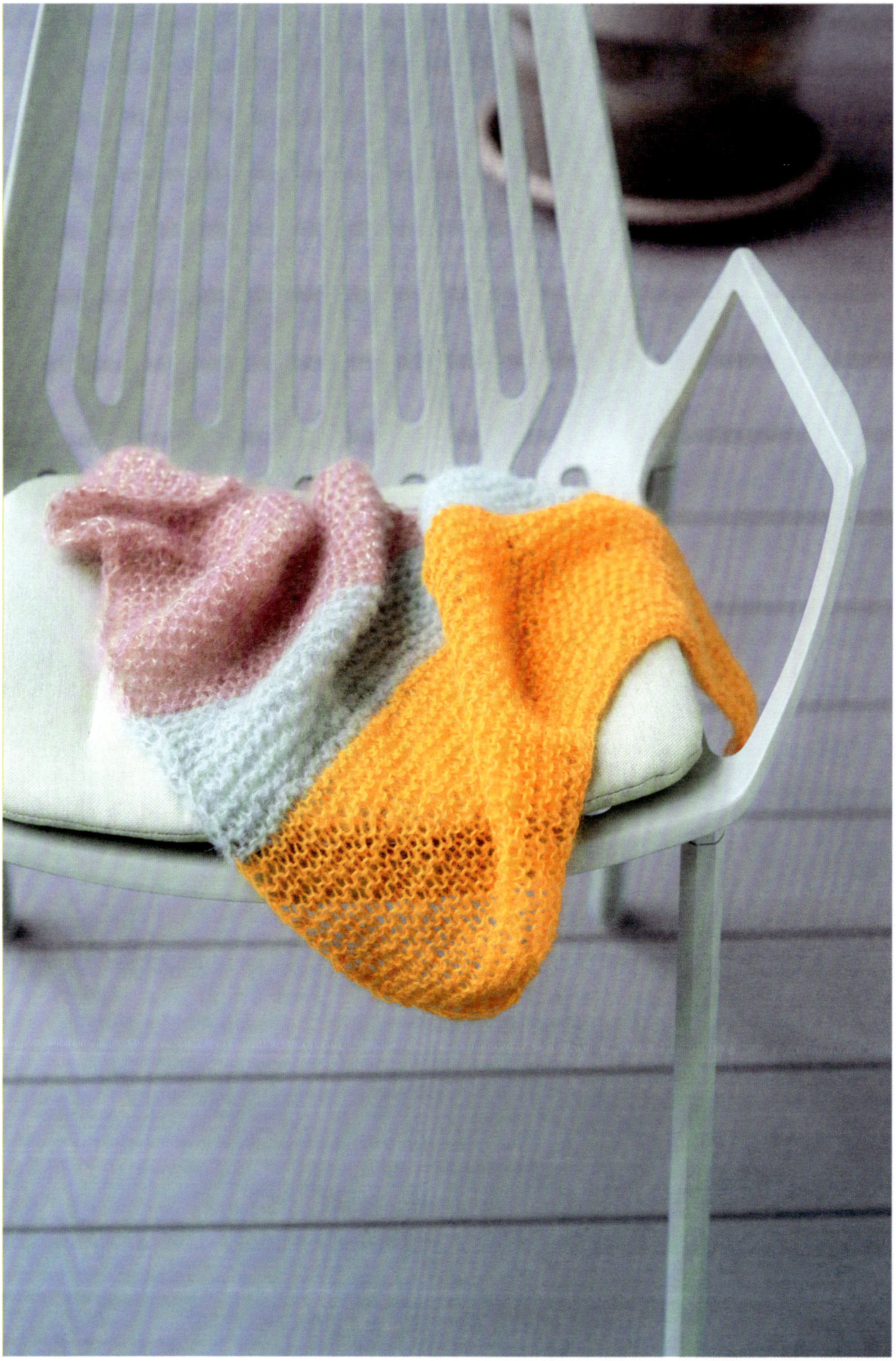

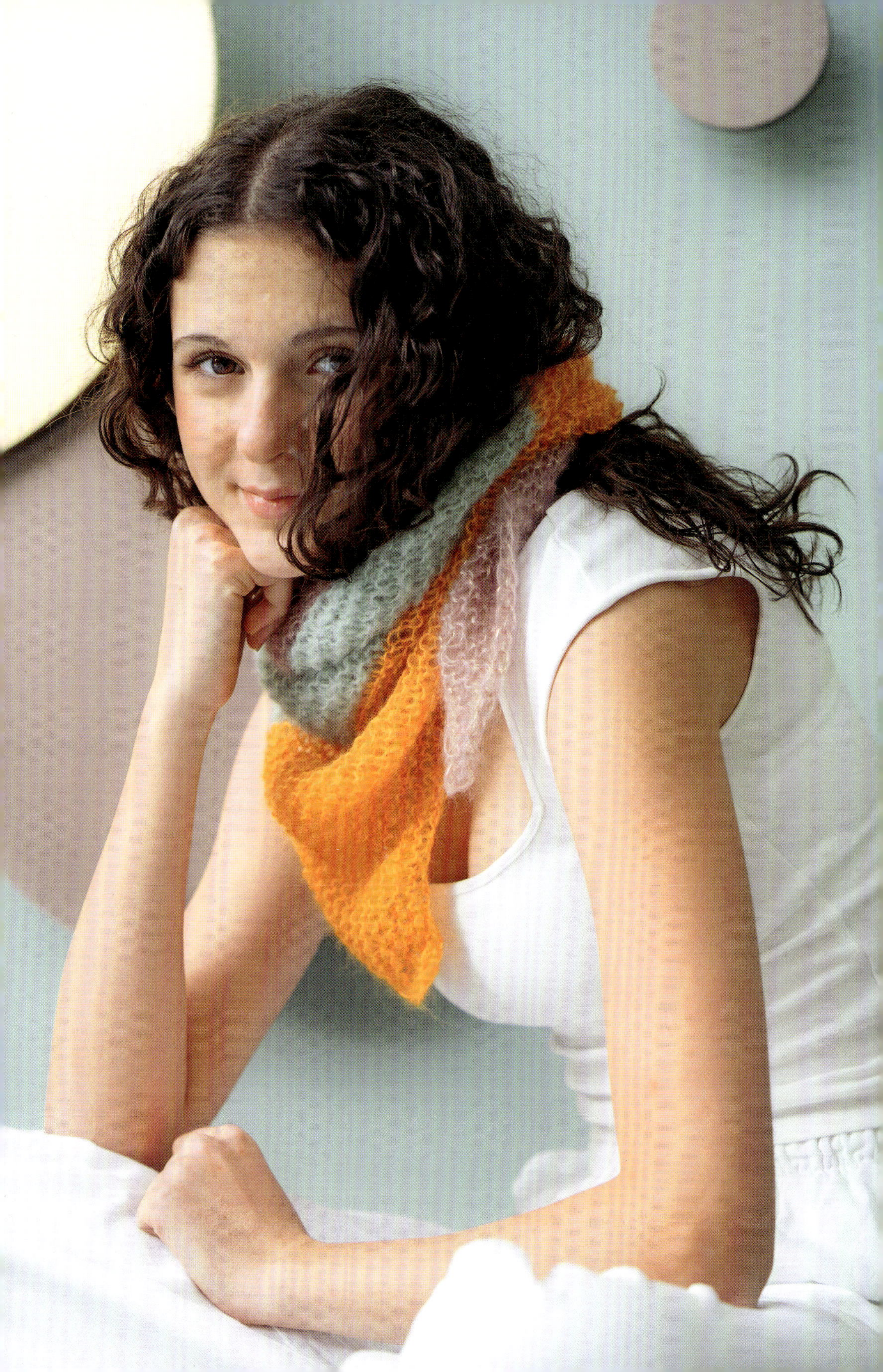

Streifenschal Boho

Diesen farbenfrohen Streifenschal trägst du am besten wie eine Kette, denn warmhalten wird er dich eher nicht. Er ist der ideale Begleiter für ein weißes T-Shirt, eine coole Khaki-Jacke oder ein Trägerkleid. Der Sommerschal bringt auf jeden Fall gute Laune in dein Styling und gibt jedem schlichten Outfit einen Touch Boho.

Welche Maschen musst du beherrschen, um dieses Modell zu stricken?

- Maschen anschlagen
- Rechte Maschen stricken
- Linke Maschen stricken
- Randmaschen
- 1 Masche verdoppeln
- 2 Maschen zusammenstricken
- Maschen abketten

Welches Material benötigst du?

- **Mona Lisa** (100% Baumwolle) von **Horstia** mit einer Lauflänge von 104 m/50 g:
- je 50 g in **Fuchsia** (Fb 821), **Lachs** (Fb 831), **Orange** (Fb 836), **Grün** (Fb 849) und **Mint** (Fb 644)
- Stricknadeln 3,5 cm

Wie groß ist das fertige Modell?
Der fertige Schal ist 200 cm lang und in der Mitte 13 cm breit.

Beachte die Maschenprobe!
Mit Nadelstärke 3,5 mm glatt gestrickt ergeben 23 Maschen in der Breite und 27 Reihen in der Höhe ein Quadrat von 10 cm × 10 cm.

Welches Muster wird gestrickt?
Glatt rechts in Reihen: in Hinreihen rechte M stricken und in Rückreihen linke M stricken.

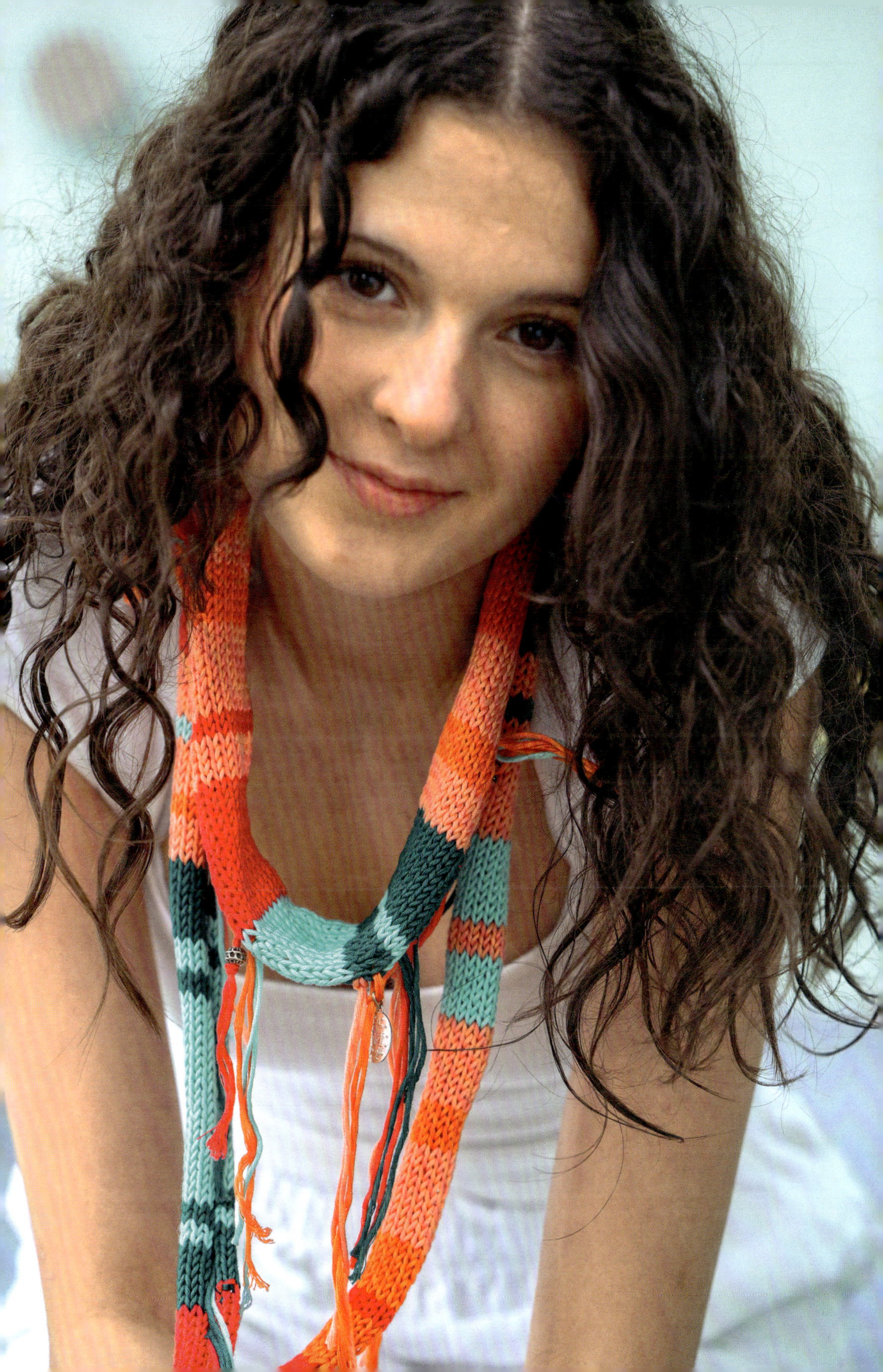

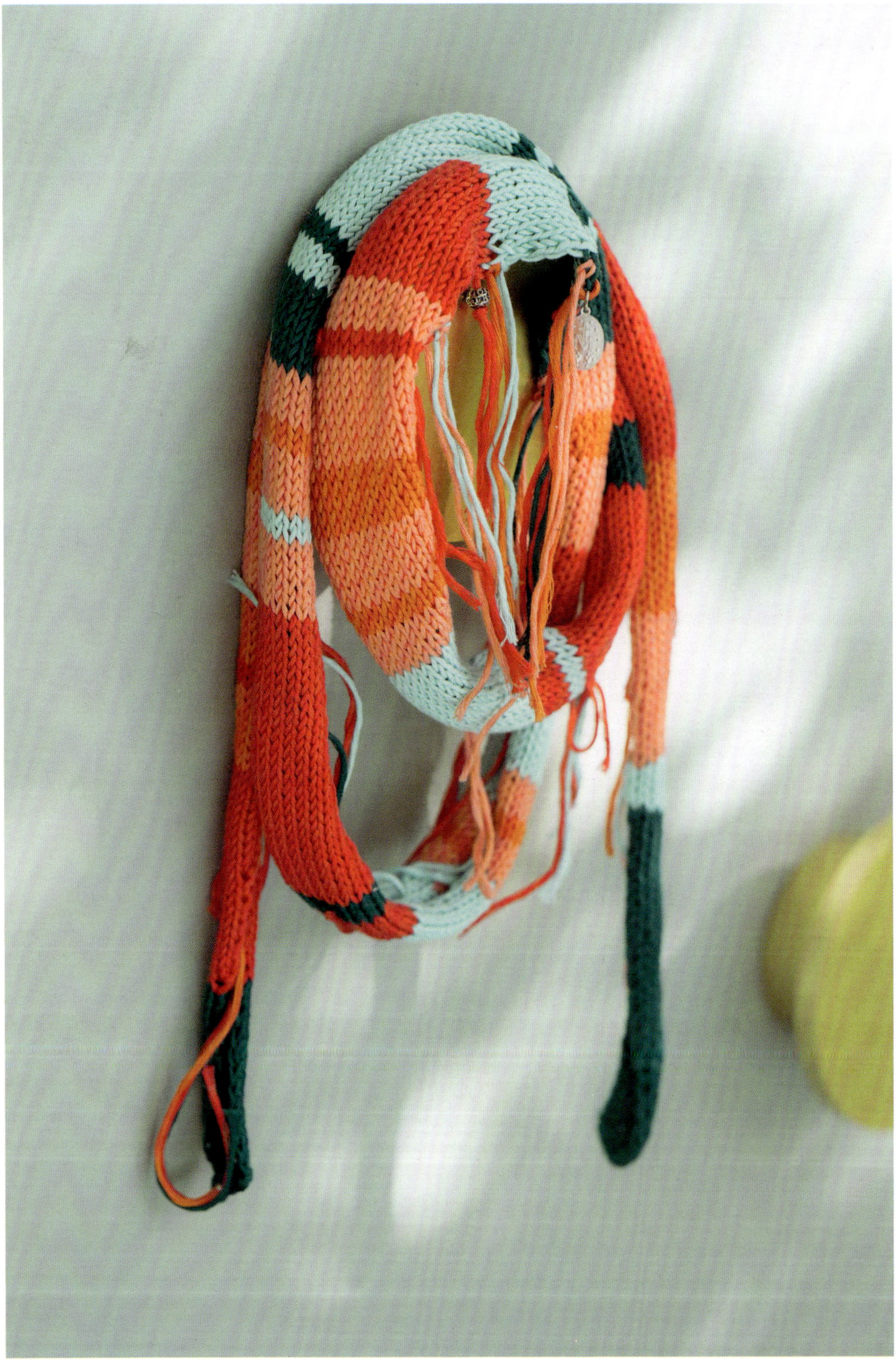

Wie bekommt das Tuch seine Form?

Für die erste Hälfte des Schals wird nach dem Beginn der Spitze zunächst am Ende jeder 10. Reihe, einer Rückreihe, jeweils 1 M zugenommen (= 1 M links stricken, aber noch nicht abheben, dann noch mal in dieselbe M hinter der Nadel einstechen und rechts stricken). Nach dem Erreichen der halben Höhe werden wieder in jeder 10. Reihe an derselben Stelle 2 M links zusammengestrickt.

Wie entstehen die Streifen?

33 Reihen Grün (Zunahme in der 2., 4., 14. und 24. Reihe), 5 Reihen Türkis, 13 Reihen Rosa, 13 Reihen Orange, 20 Reihen Rot, 6 Reihen Grün, 2 Reihen Türkis, 2 Reihen Grün, 20 Reihen Türkis, 2 Reihen Grün, 3 Reihen Türkis, 7 Reihen Grün, 4 Reihen Rosa, 2 Reihen Orange, 5 Reihen Rosa, 2 Reihen Türkis, 6 Reihen Rosa, 26 Reihen Rot, 3 Reihen Grün, 5 Reihen Rot, 11 Reihen Türkis, 4 Reihen Rosa, 2 Reihen Orange, 4 Reihen Rosa, 9 Reihen Türkis, 11 Reihen Rot, 8 Reihen Rosa, 4 Reihen Orange, 2 Reihen Rosa, 3 Reihen Rosa, 2 Reihen Grün (= 239 Reihen)

Mitte des Schals

7 Reihen Grün, 2 Reihen Türkis, 4 Reihen Grün, 10 Reihen Türkis, 13 Reihen Rot, 4 Reihen Rosa, 2 Reihen Rot, 8 Reihen Rosa, 5 Reihen Orange, 6 Reihen Rosa, 2 Reihen Orange, 4 Reihen Rosa, 15 Reihen Türkis, 4 Reihen Rot, 2 Reihen Türkis, 17 Reihen Rot, 5 Reihen Grün, 5 Reihen Rot, 13 Reihen Grün, 4 Reihen Rosa, 2 Reihen Grün, 11 Reihen Rosa, 8 Reihen Türkis, 3 Reihen Rosa, 6 Reihen Türkis, 8 Reihen Rosa, 4 Reihen Orange, 9 Reihen Rosa, 6 Reihen Orange, 2 Reihen Rot, 7 Reihen Orange, 20 Reihen Rot, 20 Reihen Grün stricken (= 238 Reihen).

Jetzt geht's los!

1. Schlage 3 M in Grün an.

2. Stricke glatt rechts in der beschriebenen Farbfolge und nimm in der 2. Reihe (Rückreihe), in der 4. Reihe (Rückreihe) und dann noch 23× in jeder folgenden 10. Reihe (Rückreihe) jeweils nach der 1. Randm 1 M zu (die M links stricken, aber noch nicht abheben, dann noch mal in dieselbe M hinter der Nadel einstechen und rechts stricken) = 28 M und 234 Reihen.

3. Stricke weiter glatt rechts in der Streifenfolge und nimm 24× in jeder 10. Reihe nach der Randm 1 M ab (die ersten 2 M links zusammenstricken) = 4 M und 474 Reihen.

4. Stricke noch 3 Reihen glatt rechts.

5. Kette die letzten 4 M ab.

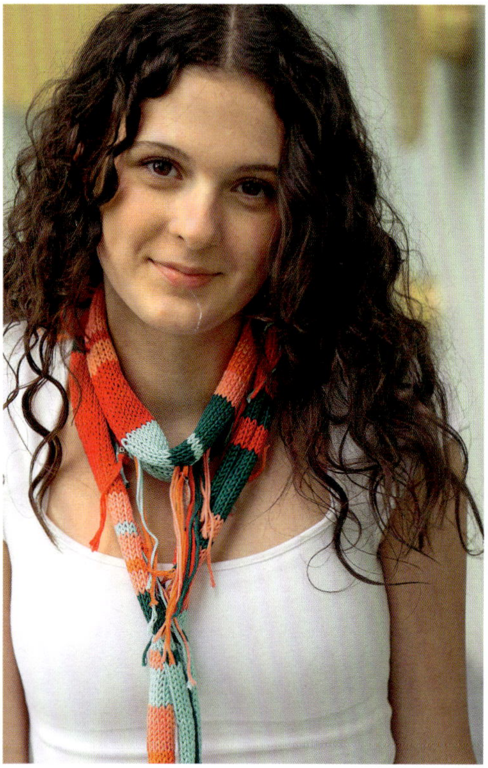

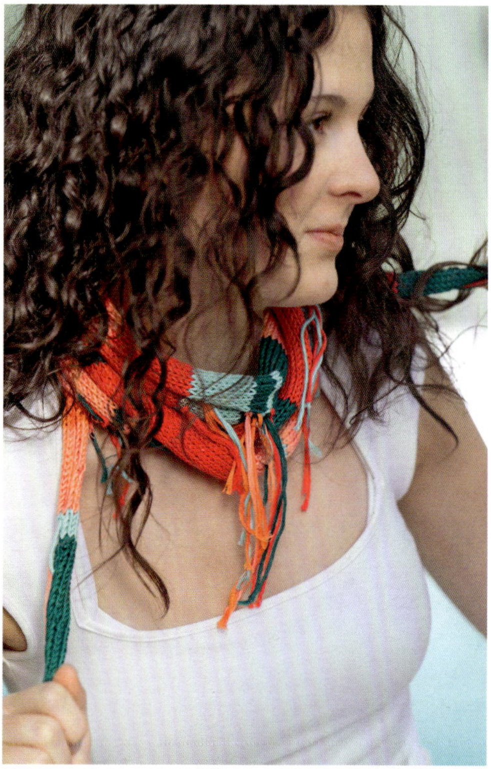

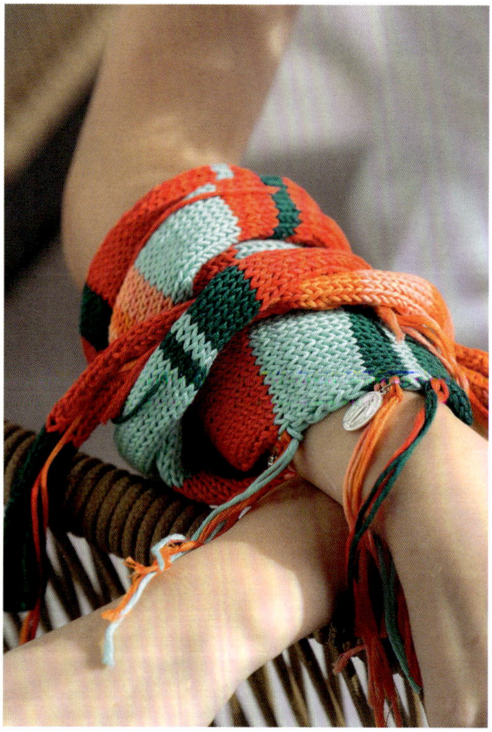

Zu guter Letzt!

Ich fand die Fransen rund um die Schalspitze sehr lässig, daher habe ich sie einfach hängenlassen und noch ein paar zusätzlich eingeknüpft. Man kann sie aber natürlich auch vernähen und hat am Ende eine saubere Kante.

Die breiteren Stellen des Schals, die um den Hals liegen, habe ich gedämpft, damit sie schön am Hals anliegen.

Die Schalspitze habe ich mit einem Medaillon als Schmuckdetail versehen, das unterstreicht noch einmal mehr den Folklorestil des Schals.

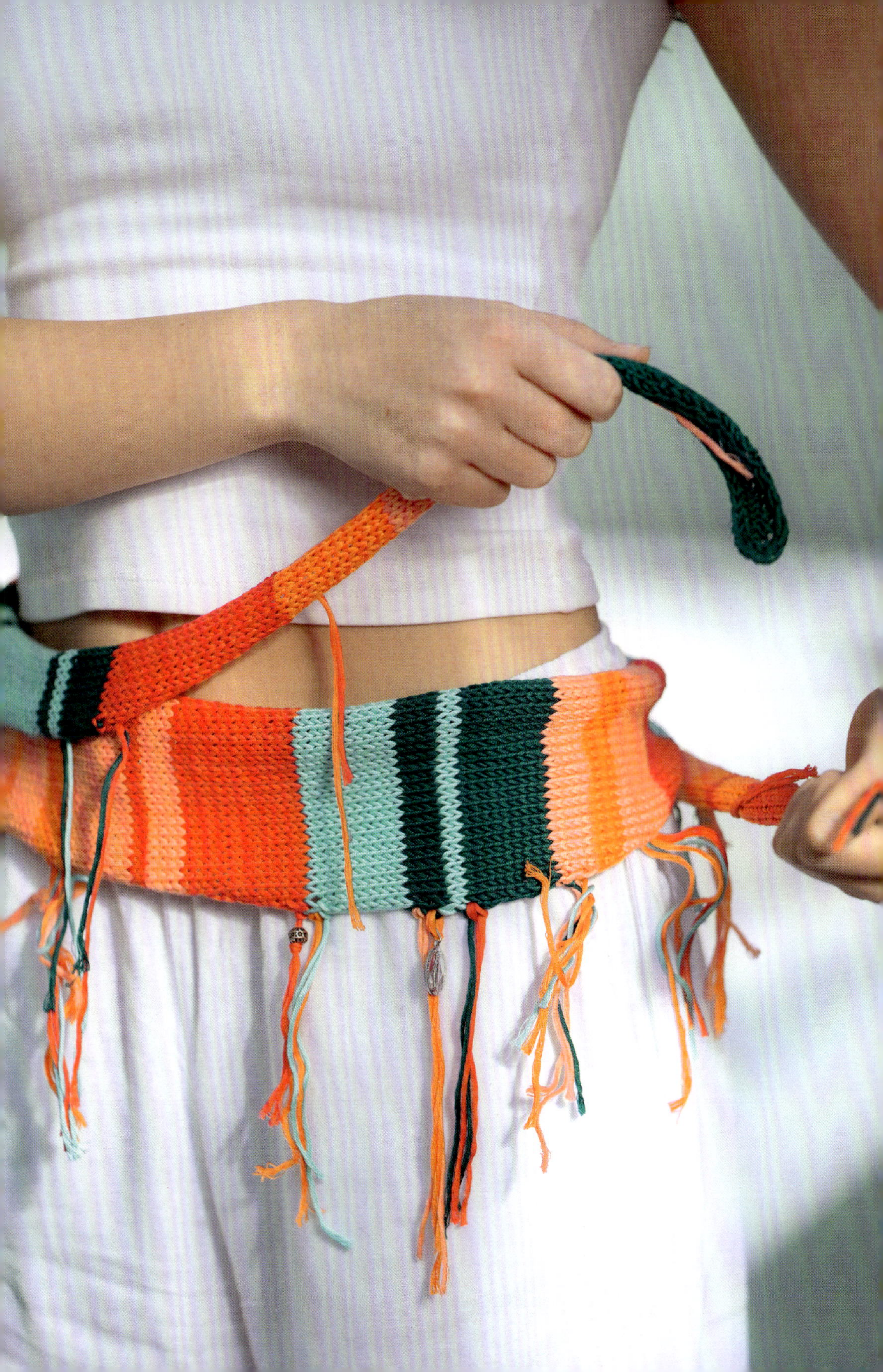

Tuch Grafik

Dieses Square ist ein echtes Edelteil! Das Material ist reine Seide, also Luxus pur. Daher braucht es auch kein allzu kompliziertes Muster, um hier einen Hingucker mit Wohlfühlgarantie zu kreieren. Rechte und linke Maschen in Form gebracht reichen aus, um dieses Traummaterial in Szene zu setzen. Zugegeben erfordert das feine Material schon etwas Geduld, aber das Ergebnis ist es auf jeden Fall wert!

Welche Maschen musst du beherrschen, um dieses Modell zu stricken?

- Maschen anschlagen
- Rechte Maschen stricken
- Linke Maschen stricken
- 2 Maschen rechts zusammenstricken
- 1 Masche rechts verschränkt aus dem Querfaden zunehmen
- Maschen abketten

Welches Material benötigst du?

- **Silky** (100% Seide) von **Pro Lana** mit einer Lauflänge von 200 m/50 g:
- 400 g in **Rohweiß** (Fb 02)
- Stricknadeln der Stärke 3 mm
- Häkelnadel der Stärke 3 mm

Wie groß ist das fertige Modell?

Das Tuch ist ca. 100 cm × 100 cm groß.

Beachte die Maschenprobe!

Mit Nadelstärke 3 mm im Muster der Quadrate ergeben 19 M in der Breite und 27 Reihen in der Höhe ein Quadrat von 10 cm × 10 cm.

Welches Muster wird gestrickt?

Glatt rechts: in Hinreihen rechte M stricken, in Rückreihen links M stricken.

Glatt links: in Hinreihen linke M stricken, in Rückreihen rechte M stricken.

Randm: Hebe in allen Hin- und Rückreihen die 1. M mit dem Faden vor der Arbeit wie zum Linksstricken ab und stricke die letzte M rechts.

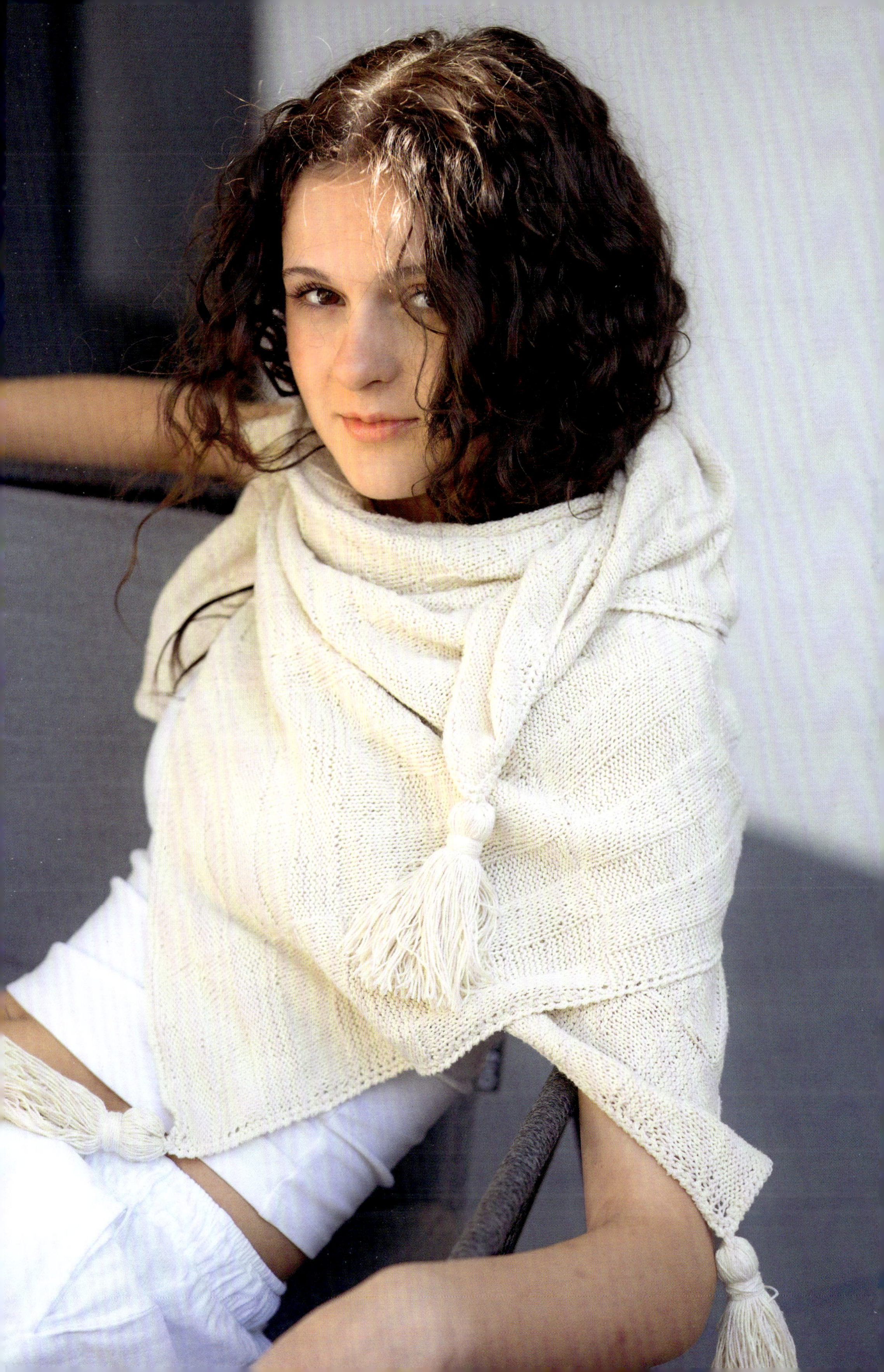

Quadrat 1 (über 50 M):

1.–10. Reihe: 25 M glatt rechts, 25 M glatt links.

11.–20. Reihe: 25 M glatt links, 25 M glatt rechts.

21.–30. Reihe: wie die 1.–10. Reihe stricken.

31.–40. Reihe: wie die 11.–20. Reihe stricken. ACHTUNG! In der 36. Reihe, also auf halber Höhe dieses Streifens, wechselt das Muster von Quadrat 2!

41.–50. Reihe: wie die 1.–10. Reihe stricken.

51.–60. Reihe: wie die 11.–20. Reihe stricken.

61.–70. Reihe: wie die 1.–10. Reihe stricken.

Quadrat 2 (über 49 M):

1.–35. Reihe: [7 M glatt links, 7 M glatt rechts] 3x, 7 M glatt links.

36.–70. Reihe: [7 M glatt rechts, 7 M glatt links] 3x, 7 M glatt links.

Was du sonst noch wissen musst:

Zur besseren Orientierung findest du im Schema unten noch einmal eine Übersicht, wie die Quadrate an- und übereinandergestrickt werden.

Jetzt geht's los!

1. Schlage 250 M mit den Stricknadeln 3 mm an.

2. Teile die M wie folgt ein: 1 Randm, 2× [50 M **Quadrat 1**, 49 M **Quadrat 2**], 50 M **Quadrat 1**, 1 Randm.

3. Arbeite 70 Reihen in dieser Mustereinteilung. Stricke außerdem **in der 70. Reihe** bei jedem **Quadrat 1** die 49. und 50. M (= die letzten beiden M des Quadrats) rechts zusammen und nimm bei jedem **Quadrat 2** nach der 49. M (= nach der letzten M) 1 M rechts verschränkt aus dem Querfaden zu.

4. Nun teile die M neu ein: 1 Randm, 2× [49 M **Quadrat 2**, 50 M **Quadrat 1**], 50 M **Quadrat 2**, 1 Randm.

5. Arbeite 70 Reihen in dieser Mustereinteilung. Stricke außerdem **in der 70. Reihe** bei jedem **Quadrat 1** die 49. und 50. M (= die letzten beiden M des Quadrats) rechts zusammen und nimm bei jedem **Quadrat 2** nach der 49. M (= nach der letzten M) 1 M rechts verschränkt aus dem Querfaden zu.

6. Wiederhole noch 1× die Schritte 2–5 und anschließend noch 1× die Schritte 2–3. Dann kette alle M ab.

7. Schlinge mit der Häkelnadel 3,5 mm an einer Ecke an und umhäkele das Tuch erst mit 1 Runde feste M und dann mit 1 Runde Krebs-M.

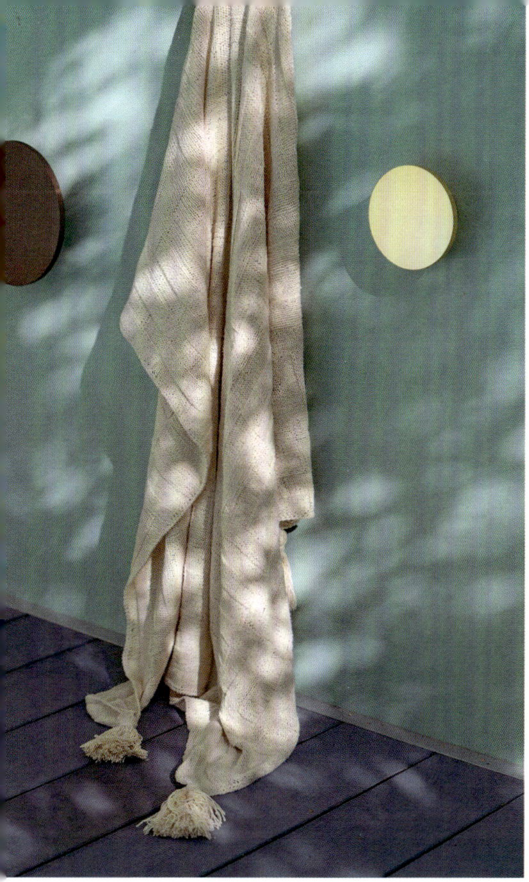

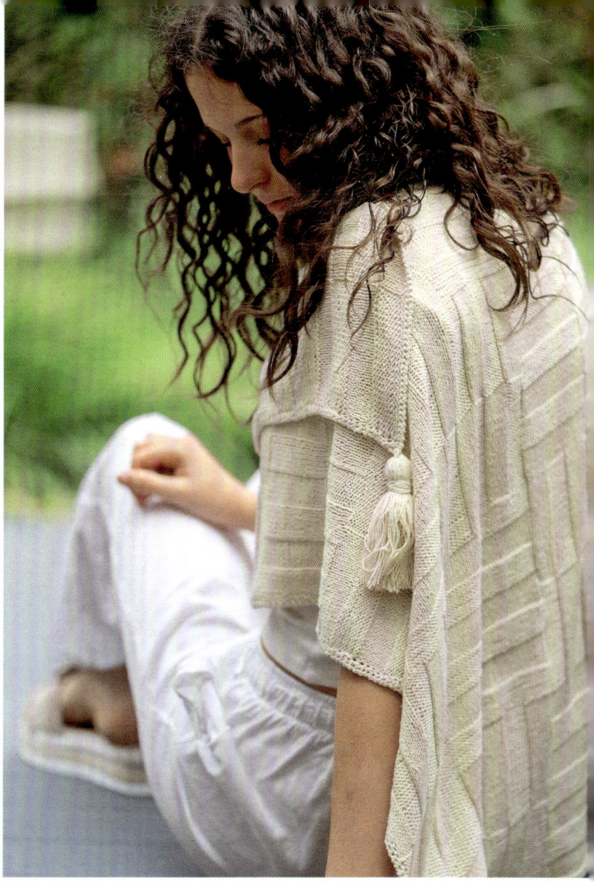

Zu guter Letzt!

Tapfer durchgehalten! Dämpfe das Tuch mit viel Dampf in Form und lasse es flach liegend trocknen. Fertige noch 4 Quasten von ca. 12 cm Länge und so dick, wie du magst, und befestige sie an allen 4 Ecken. Und jetzt kannst du echt stolz auf dich sein!

Quadrat 1	Quadrat 2	Quadrat 1	Quadrat 2	Quadrat 1
Quadrat 2	Quadrat 1	Quadrat 2	Quadrat 1	Quadrat 2
Quadrat 1	Quadrat 2	Quadrat 1	Quadrat 2	Quadrat 1
Quadrat 2	Quadrat 1	Quadrat 2	Quadrat 1	Quadrat 2
Quadrat 1	Quadrat 2	Quadrat 1	Quadrat 2	Quadrat 1

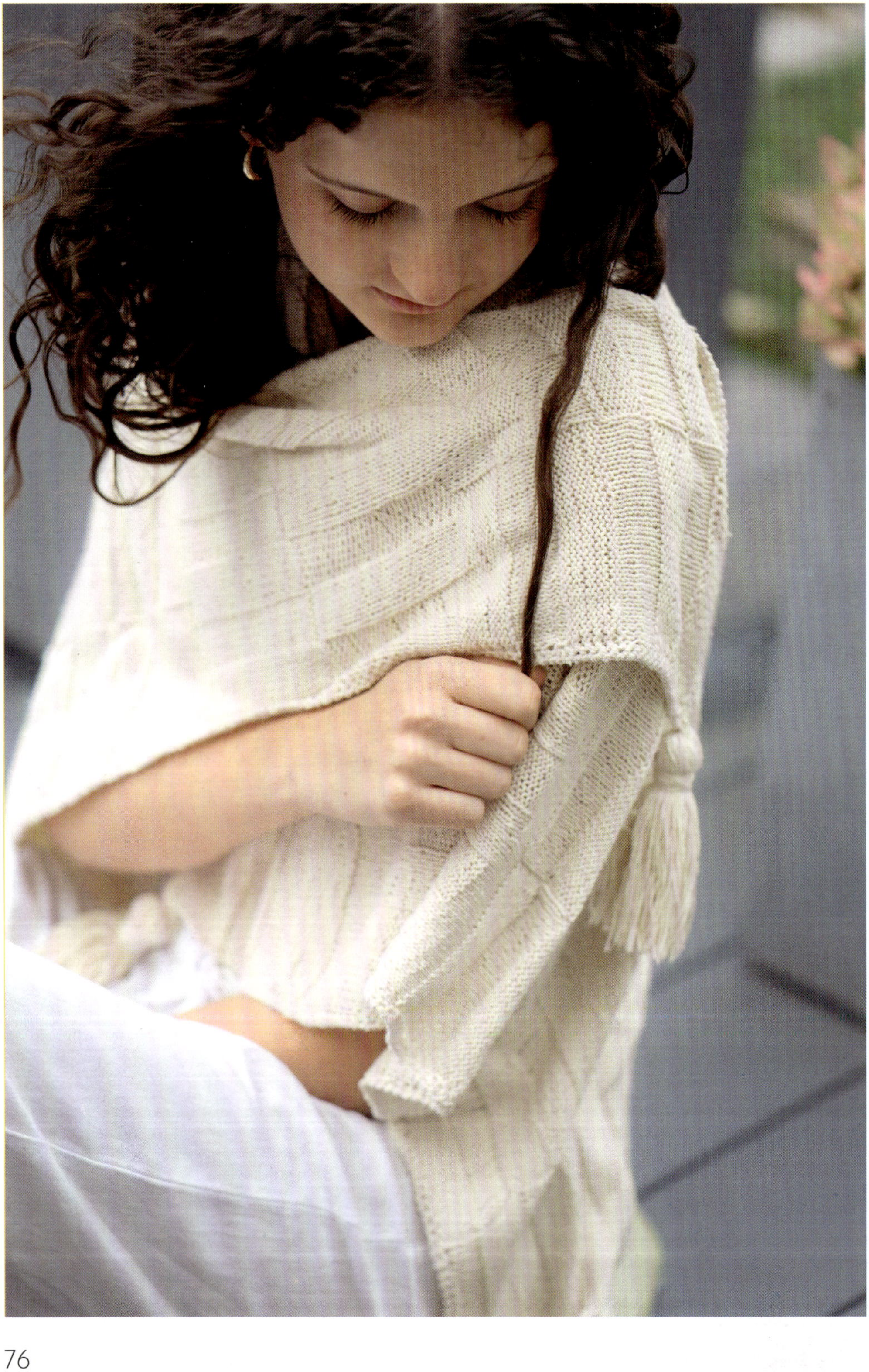

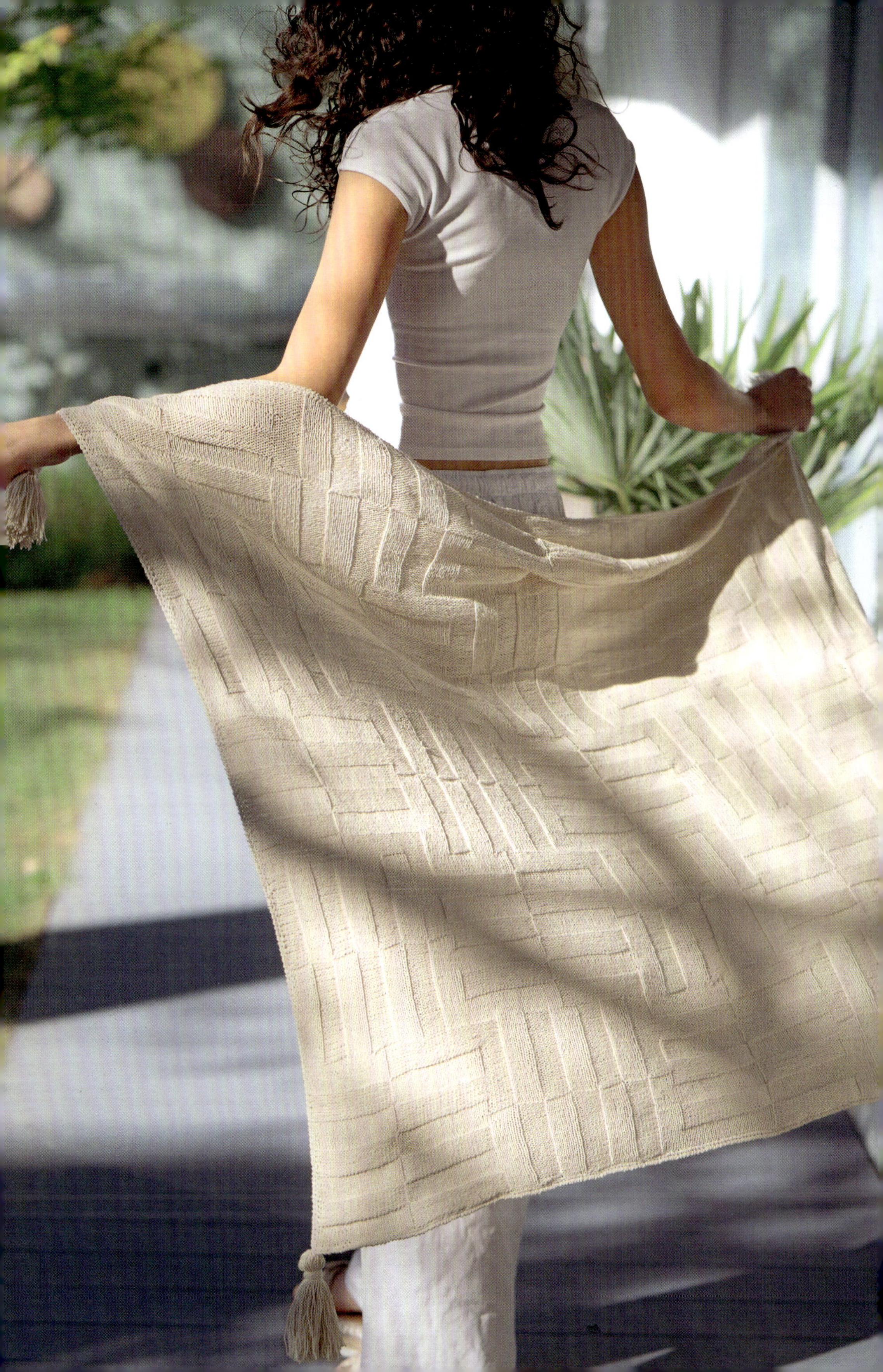

Schal Origami

Der Schal Origami sieht komplizierter aus als er tatsächlich ist! Versprochen, dieser Schal macht optisch ziemlich was her und ist dabei echt einfach zu stricken. Du strickst nur linke und rechte Maschen. So ein schöner Effekt mit so einfachen Mitteln, da macht das Stricken richtig Spaß. Das Muster hat man schnell drauf und dann läuft's.

Welche Maschen musst du beherrschen, um dieses Modell zu stricken?

- Maschen anschlagen
- Maschen aufschlingen
- Rechte Maschen stricken
- Linke Maschen stricken
- Maschen abketten

Welches Material benötigst du?

- **Fleeting Cotton** (90% Baumwolle, 10% Polyamid) von **Pro Lana** mit einer Lauflänge von 135 m/50 g:
- 250 g in **Mint** (Fb 65)
- Stricknadeln der Stärke 3,5 mm

Wie groß ist das fertige Modell?

Der Schal ist ca. 25 cm breit und 170 cm lang.

Beachte die Maschenprobe!

Mit Nadelstärke 3,5 mm gestrickt ergeben 30 M in der Breite und 26 Reihen ein Quadrat von 10 cm × 10 cm.

Welches Muster wird gestrickt?

Strukturmuster in Reihen: nach der **Strickschrift B** stricken. Es sind Hin- und Rückreihen gezeichnet. Mit den M vor dem rot umrahmten Rapport beginnen, dann die M des Rapports stets wiederholen und mit der M nach dem Rapport enden. Die 1.–4. Reihe stets wiederholen.

Randmaschen:

Kettrand: in Hin- und Rückr die 1. M mit dem Faden vor der Nadel wie zum Linksstricken abheben, die letzte M rechts stricken.

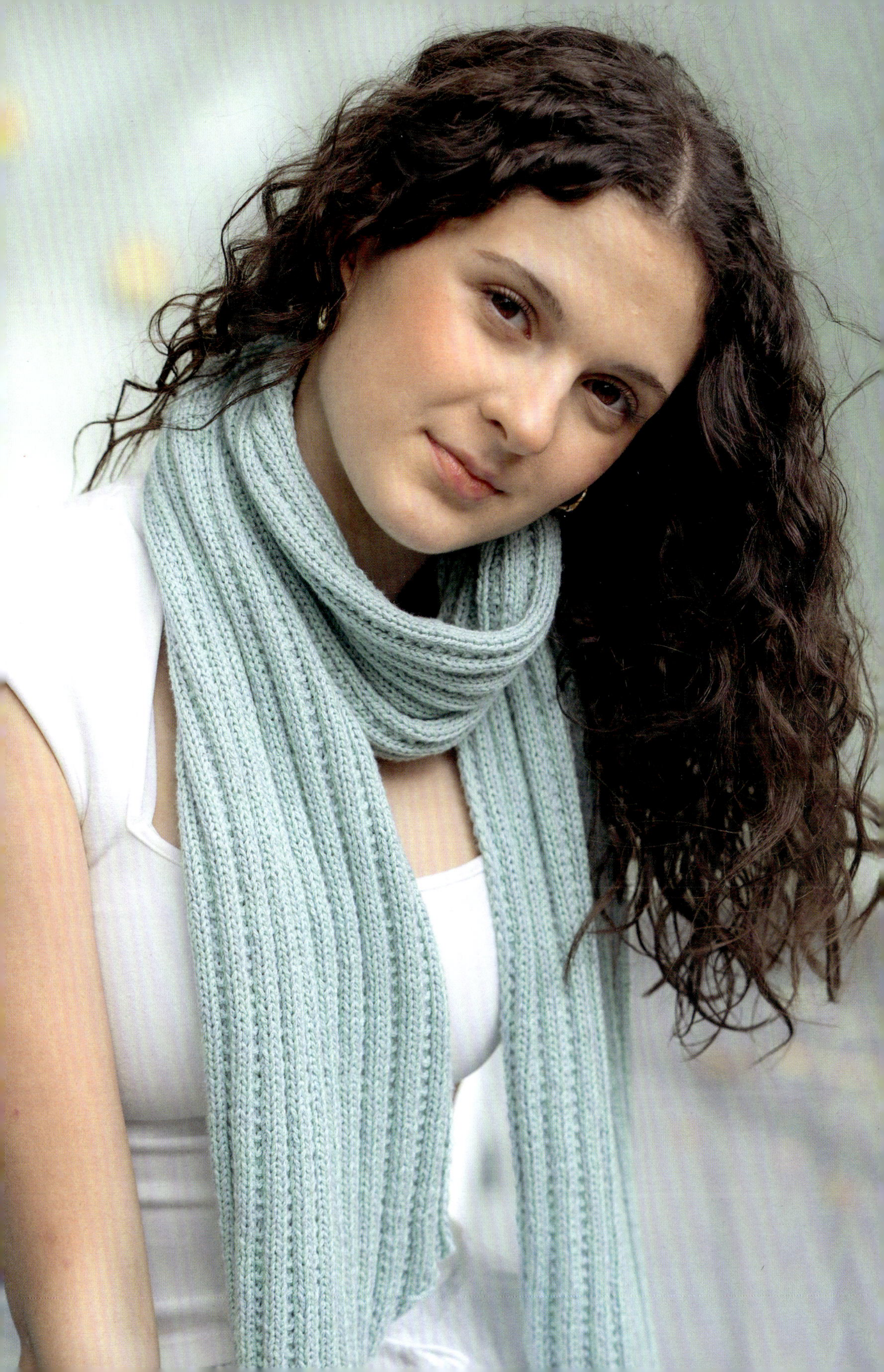

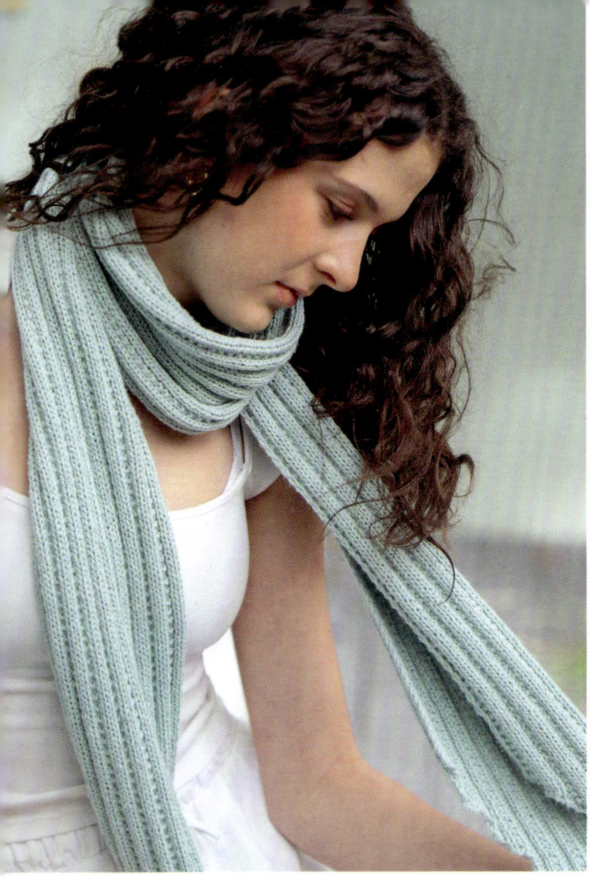

Wie bekommt der Schal seine Form?

Untere Spitze: nach **Strickschrift A** arbeiten. Es sind Hin- und Rückreihen gezeichnet. Die rot umrahmten M des Rapports stets wiederholen. Zunächst einmal die 1.–18. Reihe stricken, dann die 11.–18. Reihe stets wiederholen.

Obere Spitze: nach **Strickschrift C** arbeiten. Es sind Hin- und Rückreihen gezeichnet. Die rot umrahmten M des Rapports stets wiederholen. Zunächst 5× die 1.–8. Reihe stricken, dann einmal die 41.–50. Reihe arbeiten und anschließend alle M abketten.

Jetzt geht's los!

1. Schlage 5 M an und stricke die Spitze des Schals nach **Strickschrift A**: 1× die 1.–18. Reihe, dann noch 4× die 11.–18. Reihe wiederholen, dabei erweitert sich die M-Zahl mit jeder Wiederholung um einen Rapport von 6 Maschen. Anschließend liegen 77 M auf der Nadel.

2. Stricke im Strukturmuster nach **Strickschrift B**, bis du eine Länge von 150 cm erreicht hast.

3. Dann arbeite die obere Spitze des Schals nach **Strickschrift C**: Stricke zunächst 1× die 1.–8. Reihe, wiederhole dann die 1.–8. Reihe noch 4× und stricke anschließend die 41.–50. Reihe. Dann kette die übrigen 5 M ab.

4. Vernähe sorgfältig alle Fäden.

Zu guter Letzt!

Geschafft. Dämpfe das Tuch mit viel Dampf in Form und lasse es flach liegend trocknen.
Dann freue dich über dein Werk!

C

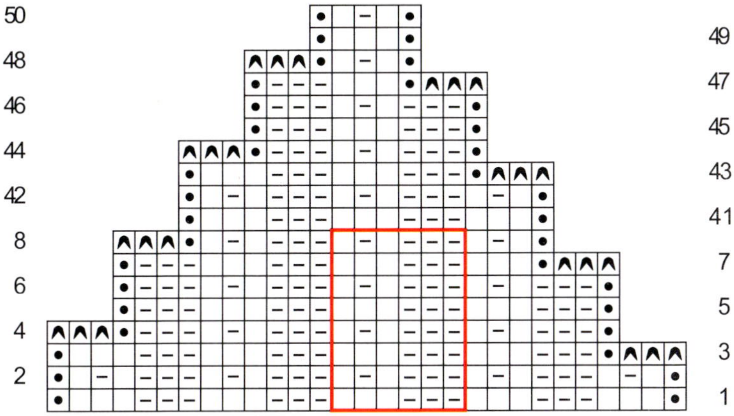

B

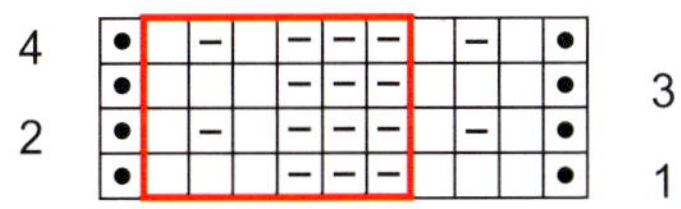

A

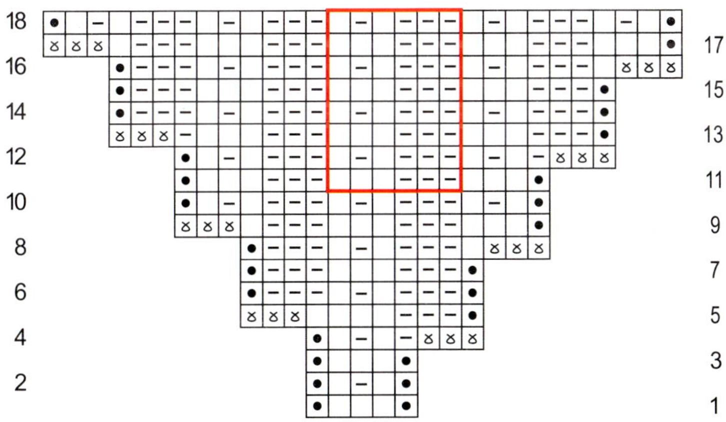

Zeichenerklärung:

● = 1 Randm

☐ = in Hinreihen 1 M rechts, in Rückreihen 1 M links stricken

− = in Hinreihen 1 M links, in Rückreihen 1 M rechts stricken

ȣ = 1 M aufschlingen

∧ = 1 M abketten

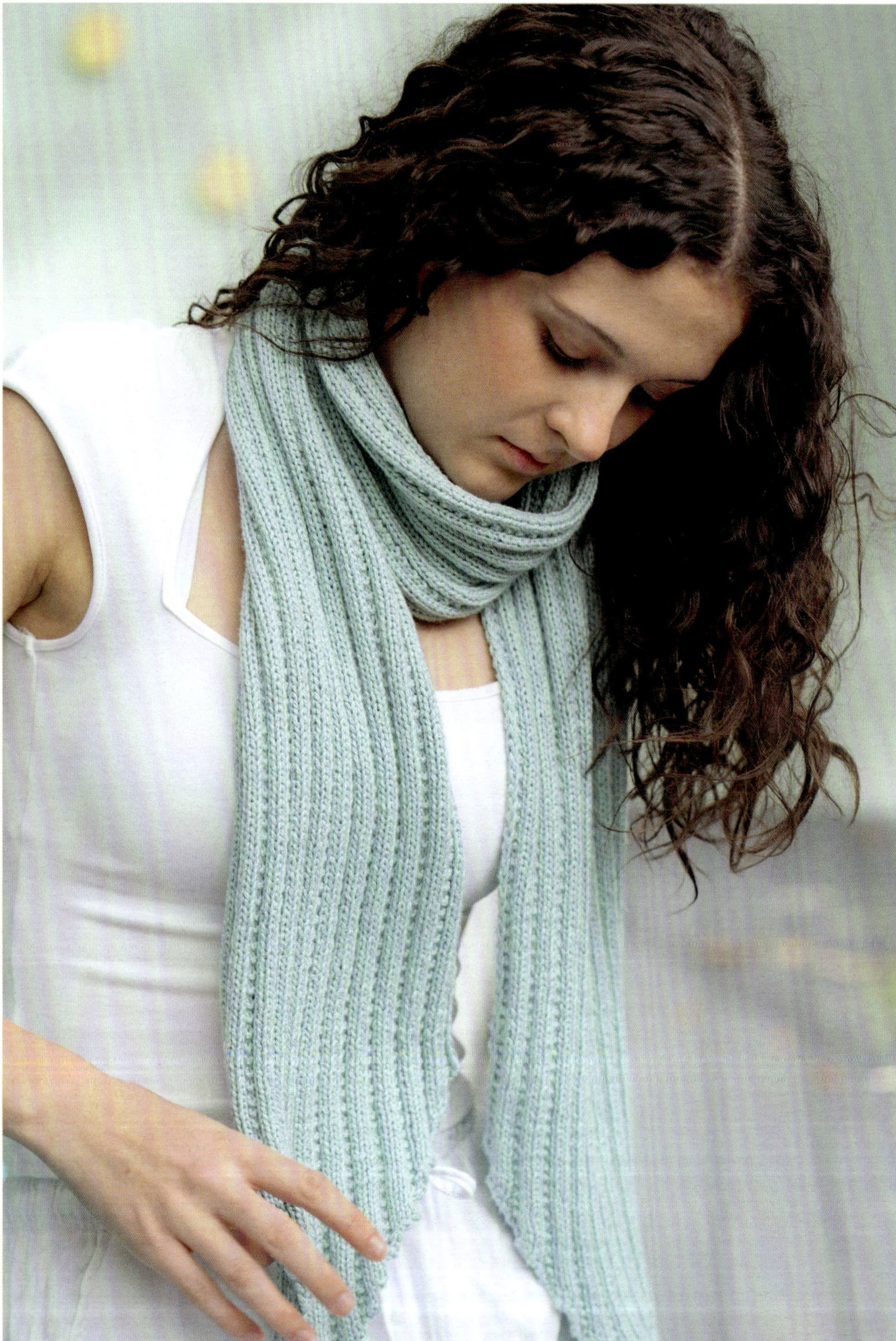

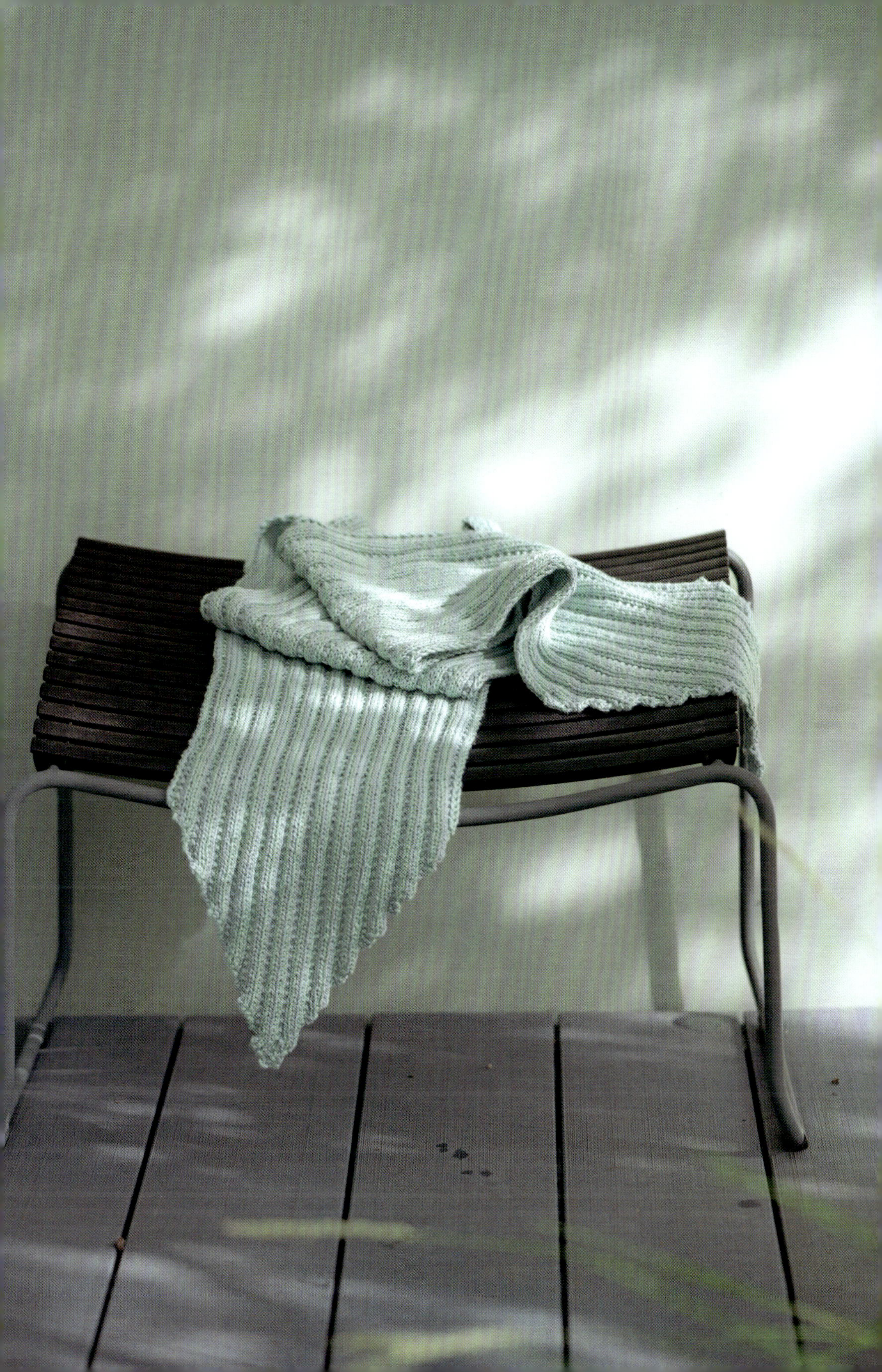

Stola Wellenspiel

Diese Stola ist wie ein wunderschönes Schmuckstück. Der Farbverlauf macht sie zu einem echten Traumteil mit Wohlfühlgarantie! Das Material ist nicht nur schön, sondern auch super weich. Das Ajourmuster ist nicht allzu kompliziert, nach einer Weile hat man den Bogen raus, kann entspannt vor sich hin nadeln und im Handumdrehen ist diese zauberhafte Stola fertig.

Welche Maschen musst du beherrschen, um dieses Modell zu stricken?

- Maschen anschlagen
- Rechte Maschen stricken
- Linke Maschen stricken
- 2 Maschen rechts zusammenstricken
- 2 Maschen überzogen rechts zusammenstricken
- 3 Maschen überzogen zusammenstricken
- 1 Umschlag auf die Nadel legen
- Maschen abketten

Welches Material benötigst du?

- **1-2-3-Ideen** (100% Baumwolle) von **Pro Lana** mit einer Lauflänge von 315 m/100 g:
- 400 g in **Rosewood/Braun** (Fb 09)
- Stricknadeln der Stärke 3,5 mm

Wie groß ist das fertige Modell?
Die Stola ist ca. 55 cm × 210 cm groß.

Beachte die Maschenprobe!
Mit Nadelstärke 3,5 mm im Ajourmuster gestrickt ergeben 24 M in der Breite und 32 Reihen in der Höhe ein Quadrat von 10 cm × 10 cm.

Welches Muster wird gestrickt?
Ajourmuster: nach der Strickschrift arbeiten. Es sind nur die Hinreihen gezeichnet. Die Hinreihen mit den 4 M vor dem Rapport beginnen, den Rapport von 14 M stets wiederholen und mit den 17 M nach dem Rapport enden. In den Rückreihen die M stricken wie in der Zeichenerklärung beschrieben, und dabei die Strickschrift von links nach rechts lesen. Die 1.–12. Reihe stets wiederholen.

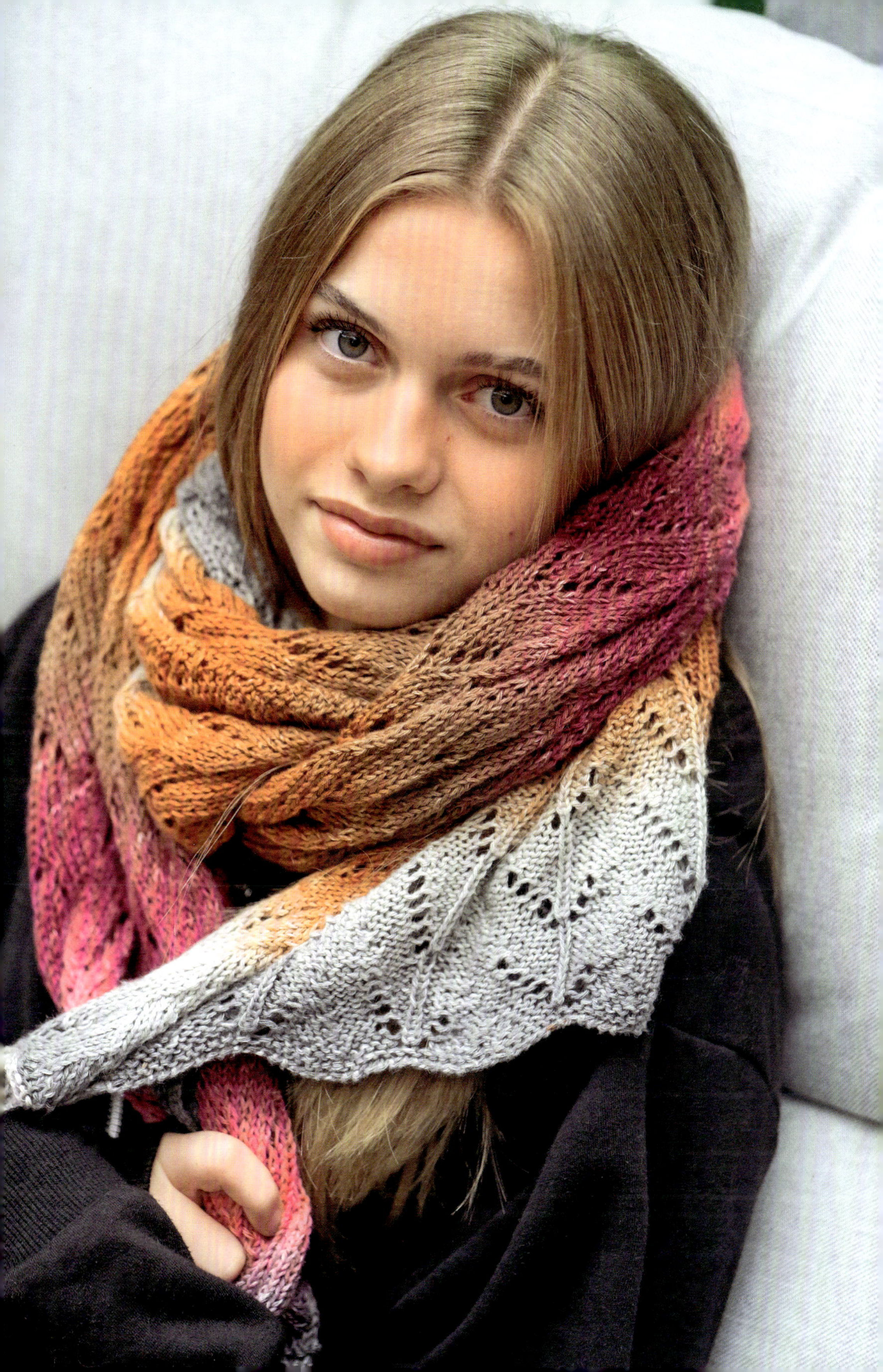

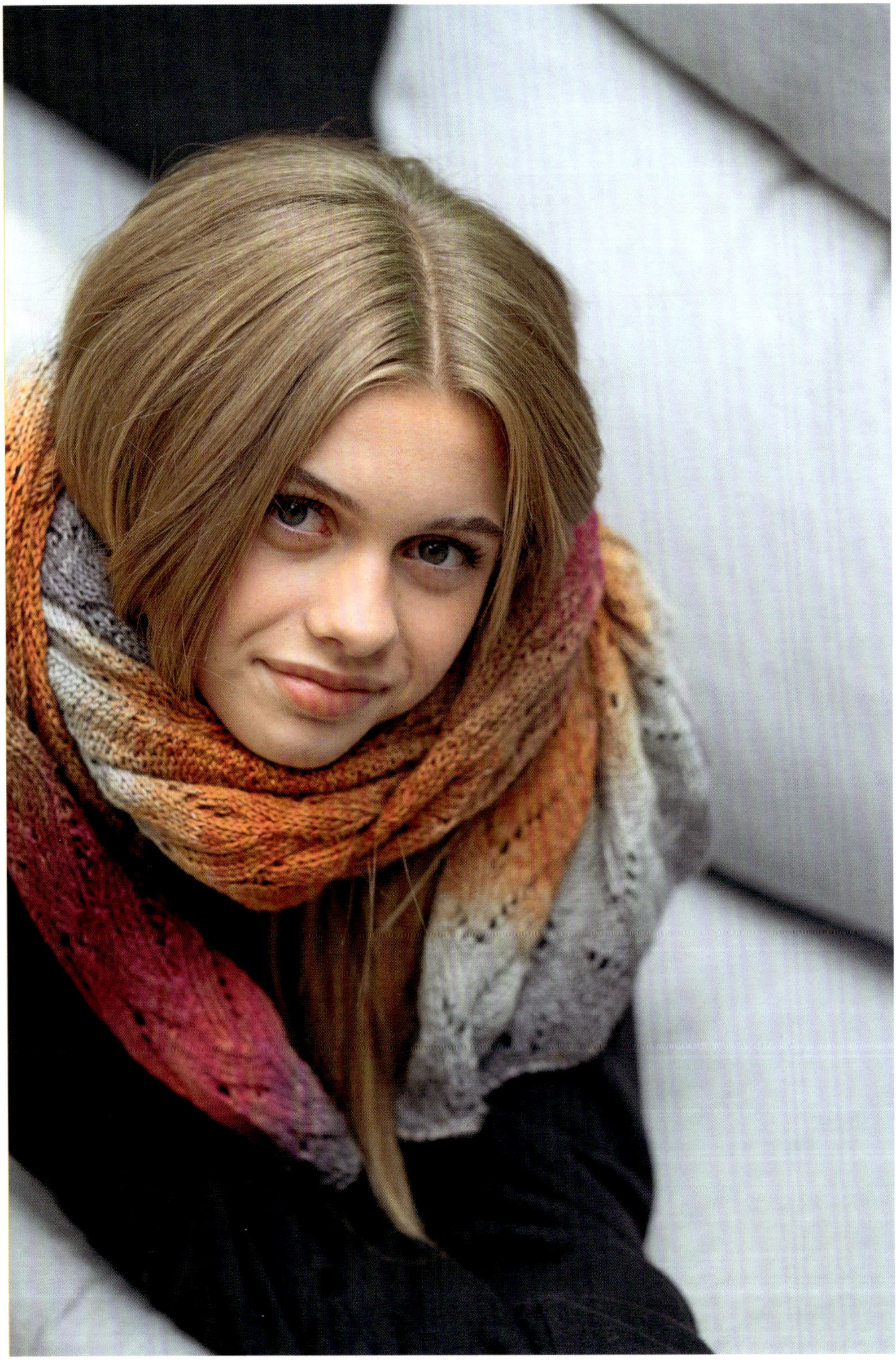

Jetzt geht's los!

1. Schlage 132 M an und stricke 3 Reihen kraus rechts.

2. Dann stricke im Ajourmuster nach der Strickschrift und teile die M dazu so ein: Beginne mit den 4 M vor dem Rapport, wiederhole 8× den Rapport von 14 M und ende mit den 17 M nach dem Rapport.

3. Wiederhole die 1.–12. Reihe des Ajourmusters, bis deine Stola 210 cm lang ist.

4. Stricke noch einmal 3 Reihen kraus rechts, dann kette alle M locker ab.

5. Vernähe sorgfältig alle Fäden.

Zu guter Letzt!

So, jetzt hast du es geschafft! Noch mit viel Dampf in Form dämpfen und du kannst dich an deinem neuen Schmuckstück erfreuen.

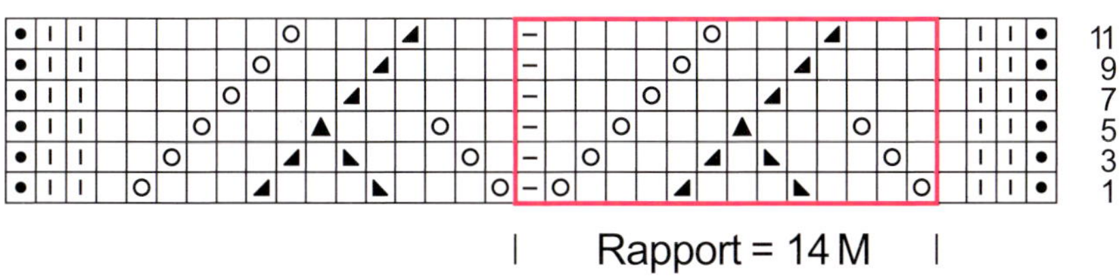

Zeichenerklärung:

● = 1 Randm

□ = 1 M glatt rechts, in der folgenden Rückreihe links stricken

I = 1 M kraus rechts, in der folgenden Rückreihe rechts stricken

– = 1 M glatt links, in der folgenden Rückreihe rechts stricken

O = 1 Umschlag, in der folgenden Rückreihe links stricken

◢ = 2 M rechts zusammenstricken, in der folgenden Rückreihe links stricken

◣ = 1 Überzug: 1 M wie zum Rechtsstricken abheben, 1 M rechts stricken, dann die abgehobene M überziehen; in der folgenden Rückreihe links stricken

▲ = 1 doppelter Überzug: 1 M wie zum Rechtsstricken abheben, 2 M rechts zusammenstricken, dann die abgehobenen M überziehen; in der folgenden Rückreihe links stricken

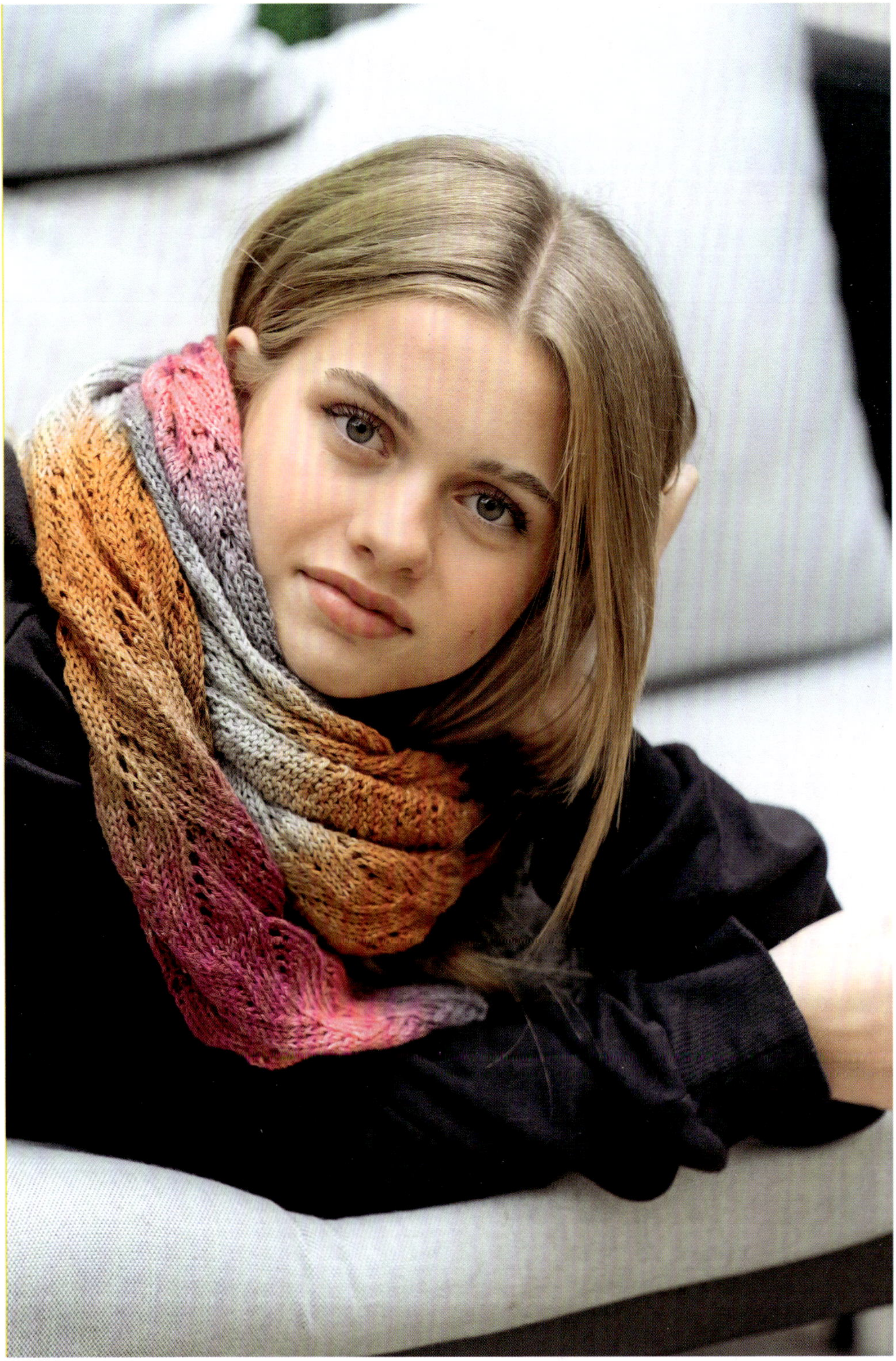

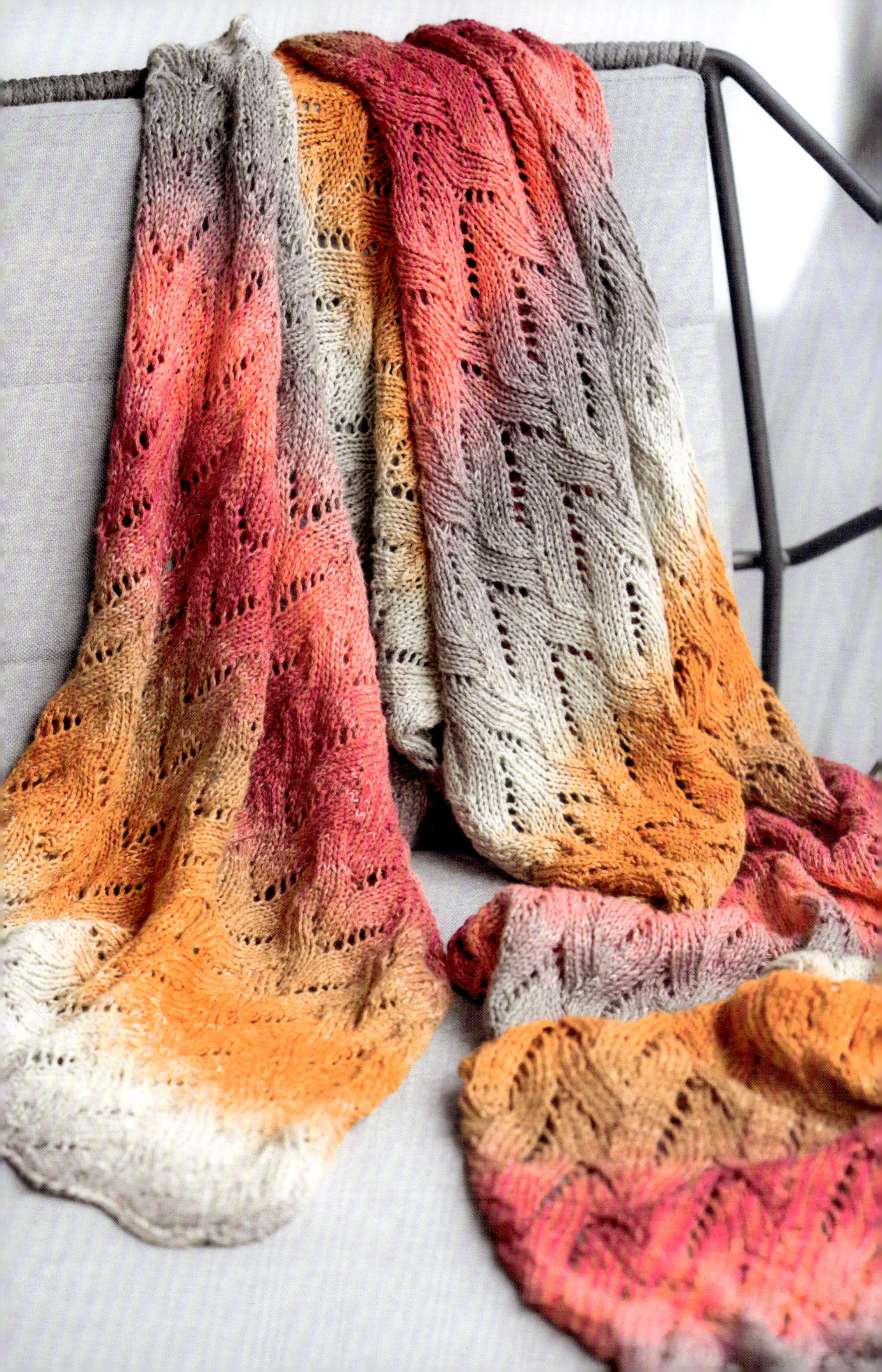

Tuch Sternenzauber

Das Tuch Sternenzauber eignet sich optimal für Strickanfänger. Auch wenn es auf den ersten Blick anspruchsvoll aussieht, hast du die sich immer wiederholende Musterfolge aus nur vier Reihen schnell heraus und kannst ganz entspannt stricken. Los geht's!

Welche Maschen musst du beherrschen, um dieses Modell zu stricken?

- Maschen anschlagen
- Rechte Maschen stricken
- Linke Maschen stricken
- 3 Maschen links zusammenstricken
- 1 Umschlag auf die Nadel legen
- Maschen abketten

Welches Material benötigst du?

- **Ecopuno** (72% Baumwolle, 17% Schurwolle, 11% Alpaka) von **Lana Grossa** mit einer Lauflänge von 215 m/50 g:
- je 100 g in **Himbeer** (Fb 036), **Mandarin** (Fb 072), **Rosa** (Fb 048) und **Ecru** (Fb 046)
- Rundstricknadel der Stärke 4 mm, 60 cm lang

Wie groß ist das fertige Modell?

Das Tuch ist 60 cm breit und 200 cm lang.

Beachte die Maschenprobe!

Mit Nadelstärke 5 mm im Patentmuster gestrickt ergeben 22 M in der Breite und 30 Reihen in der Höhe ein Quadrat von 10 cm × 10 cm.

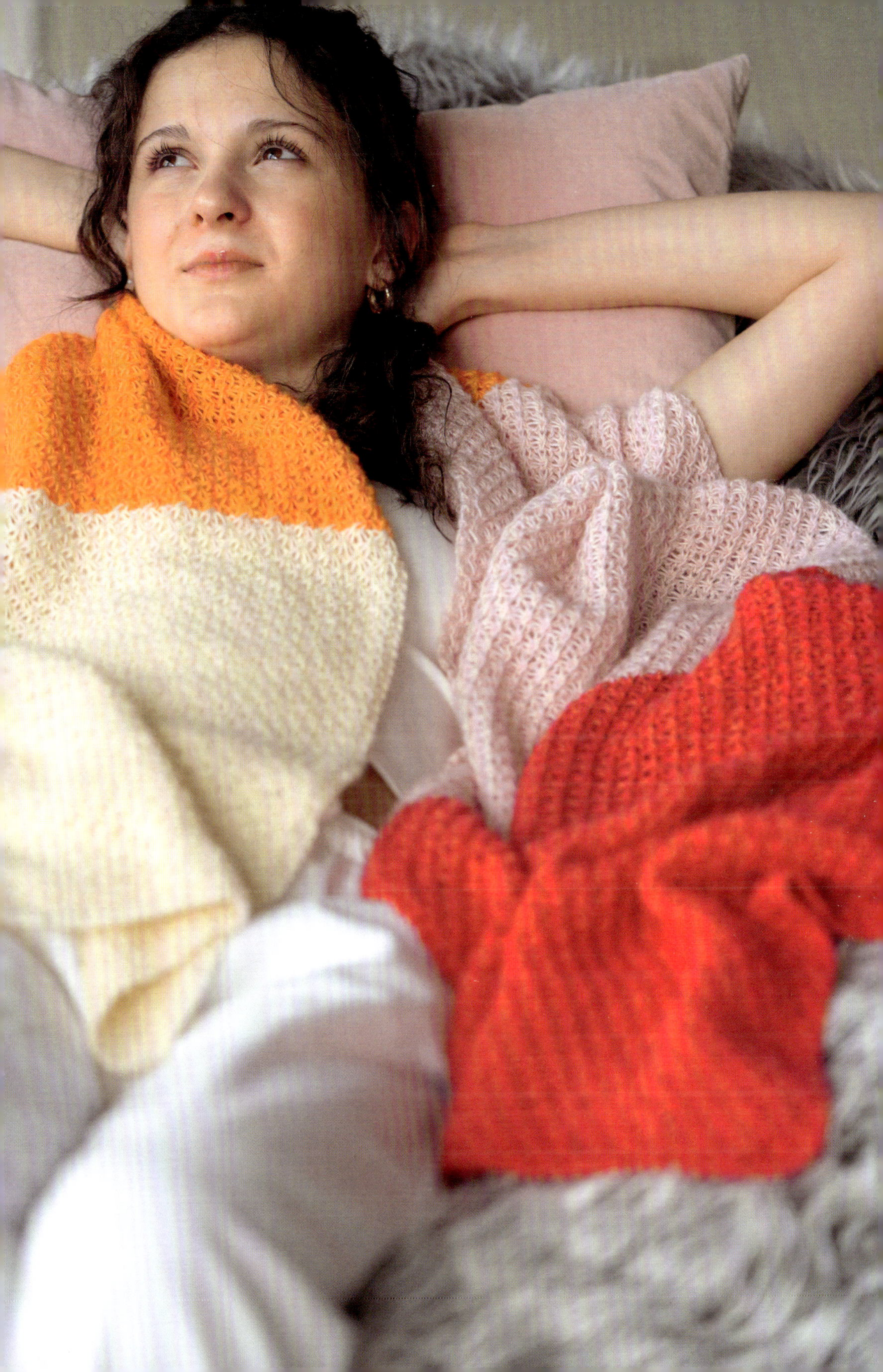

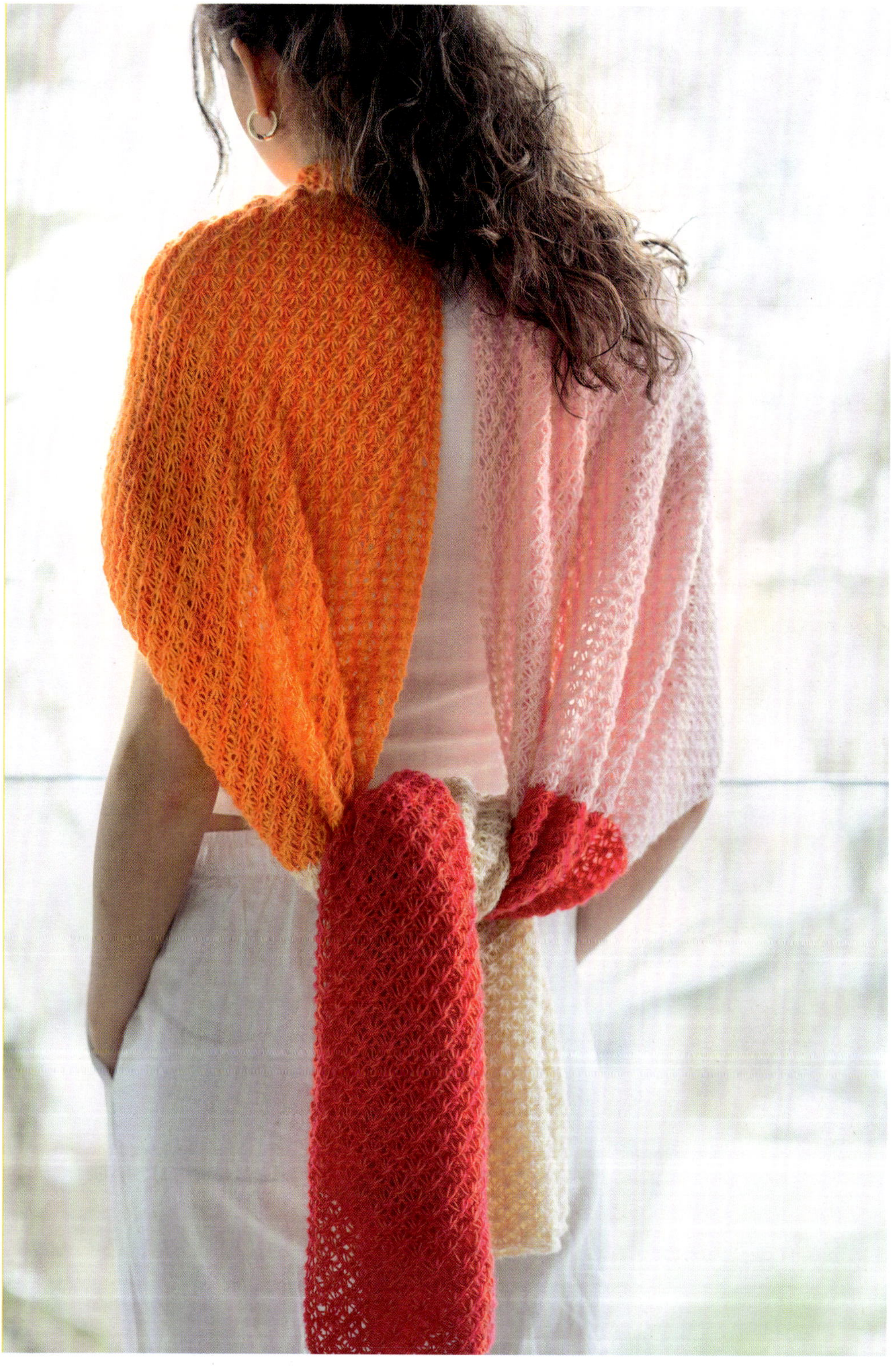

Welches Muster wird gestrickt?

Sternchen (über 3 M): den Faden vor die Arbeit nehmen, 3 M links zusammenstricken, aber nicht von der linken Nadel heben, 1 Umschlag auf die rechte Nadel heben, den Faden wieder vor die Arbeit nehmen und die 3 M noch einmal links zusammenstricken. Die M-Zahl bleibt dabei immer gleich.

Sternenmuster (M-Zahl teilbar durch 4 + 1 M + 2 Randm):

Bei diesem Muster werden die Sternchen in den Rückreihen gestrickt.

1. Reihe (Hinreihe): 1 Randm, alle M bis zur Randm rechts stricken, 1 Randm.

2. Reihe (Rückreihe): 1 Randm, 1 M rechts, * 1 Sternchen über 3 M, 1 M rechts, ab * stets wiederholen, 1 Randm.

3. Reihe (Hinreihe): 1 Randm, alle M bis zur Randm rechts stricken, 1 Randm.

4. Reihe (Hinreihe): 1 Randm, 1 M rechts, 1 M links, 1 M rechts, * 1 Sternchen über 3 M, 1 M rechts, ab * stets wiederholen, 1 M links, 1 M rechts, 1 Randm.

Die 1.–4. Reihe stets wiederholen.

Wie entstehen die Streifen?

Nacheinander je 50 cm in Himbeer, Mandarin, Rosa und Ecru stricken.

Jetzt geht's los!

Wie entstehen die Streifen?

1. 131 M in Himbeer anschlagen und im Sternchenmuster stricken.

2. Nach 50 cm Höhe in Mandarin weiterarbeiten.

3. Nach weiteren 50 cm Höhe in Rosa weiterarbeiten.

4. Nach weiteren 50 cm Höhe in Ecru weiterarbeiten.

5. Wenn dein Tuch 200 cm lang ist, kette alle M in Ecru ab.

Zu guter Letzt!

Wasche dein neues Sommertuch mit Wollwaschmittel von Hand und drücke das Wasser vorsichtig aus. Schleudere es auf keinen Fall in der Maschine! Spanne es anschließend oder lege es auf Frotteetücher aus und ziehe es in Form. Viel Freude beim Tragen!

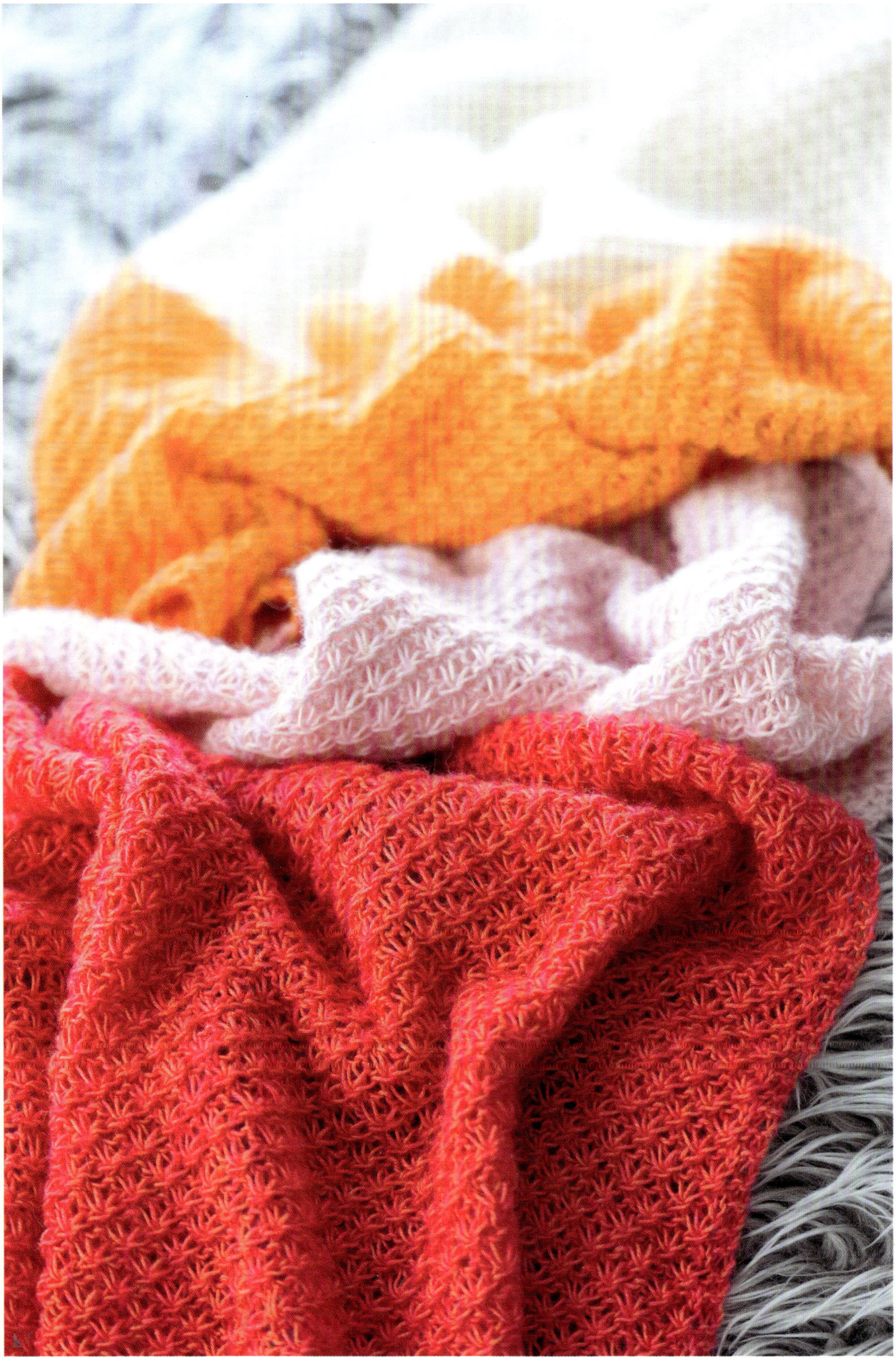

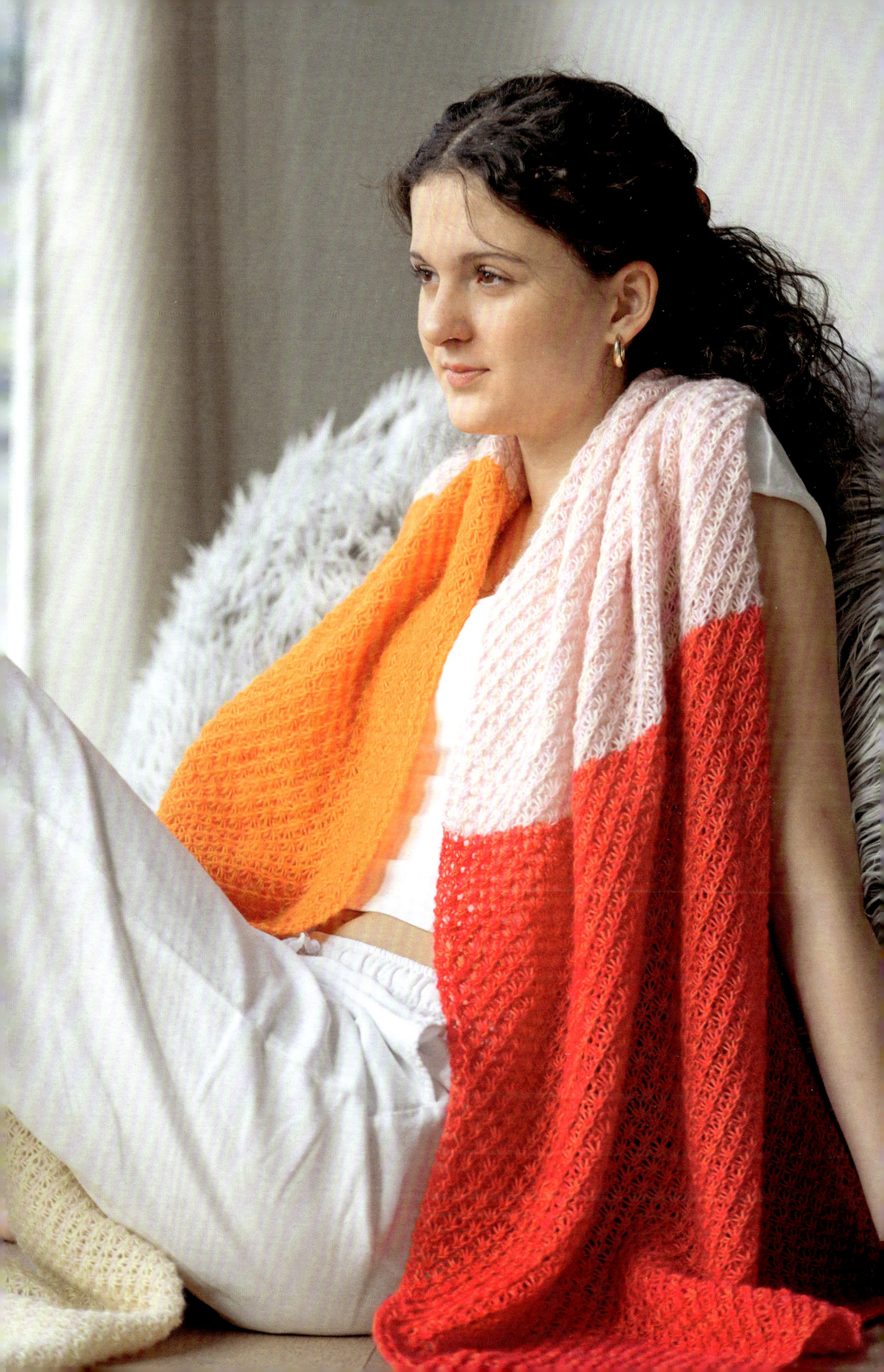

Tuch Long Eagle

Um das Tuch Long Eagle zu stricken, musst du kein Strickprofi sein! Bei den besonderen Rändern hilft dir die beigefügte Strickschrift, für die übrigen Maschen brauchst du nur Grundkenntnisse. Das Tuch ist nicht nur im Sommer ein vielseitiger Begleiter, der durch den Einsatz verschiedenster Wickeltechniken überzeugt! Lass dich also nicht aufhalten und stricke dir dein eigenes Meisterwerk!

Welche Maschen musst du beherrschen, um dieses Modell zu stricken?

- Maschen anschlagen
- Rechte Maschen stricken
- Linke Maschen stricken
- 1 Masche verdoppeln: die Masche erst rechts, anschließend noch einmal rechts verschränkt stricken und erst dann von der linken Nadel heben
- Doppelte Randmaschen
- 3 Maschen links zusammenstricken
- 1 Umschlag auf die Nadel legen
- Maschen abketten

Welches Material benötigst du?

- **Naturals** (100% Schurwolle Merino) **von myboshi** mit einer Lauflänge von 210 m/25 g:
- 250 g in **Coccinigla**
- Stricknadeln der Stärke 4 mm, 60 cm lang

Wie groß ist das fertige Modell?

Das Dreieckstuch ist an der längsten Seite ca. 280 cm lang und in der Mitte 46 cm breit. Du kannst es zweifach um den Hals legen oder auch besondere Wickeltechniken anwenden, um dein Outfit abzurunden.

Beachte die Maschenprobe!

Mit Nadelstärke 4 mm glatt rechts gestrickt ergeben 20 M in der Breite und 25 Reihen in der Höhe ein Quadrat von 10 cm × 10 cm.

Welches Muster wird gestrickt?

Zopf (über 6 M): 3 M auf einer Hilfsnadel vor die Arbeit legen, 3 M rechts, dann die 3 M der Hilfsnadel rechts stricken. Die 6 M über 7 Reihen glatt rechts stricken und in der 8. Reihe den Zopf arbeiten.

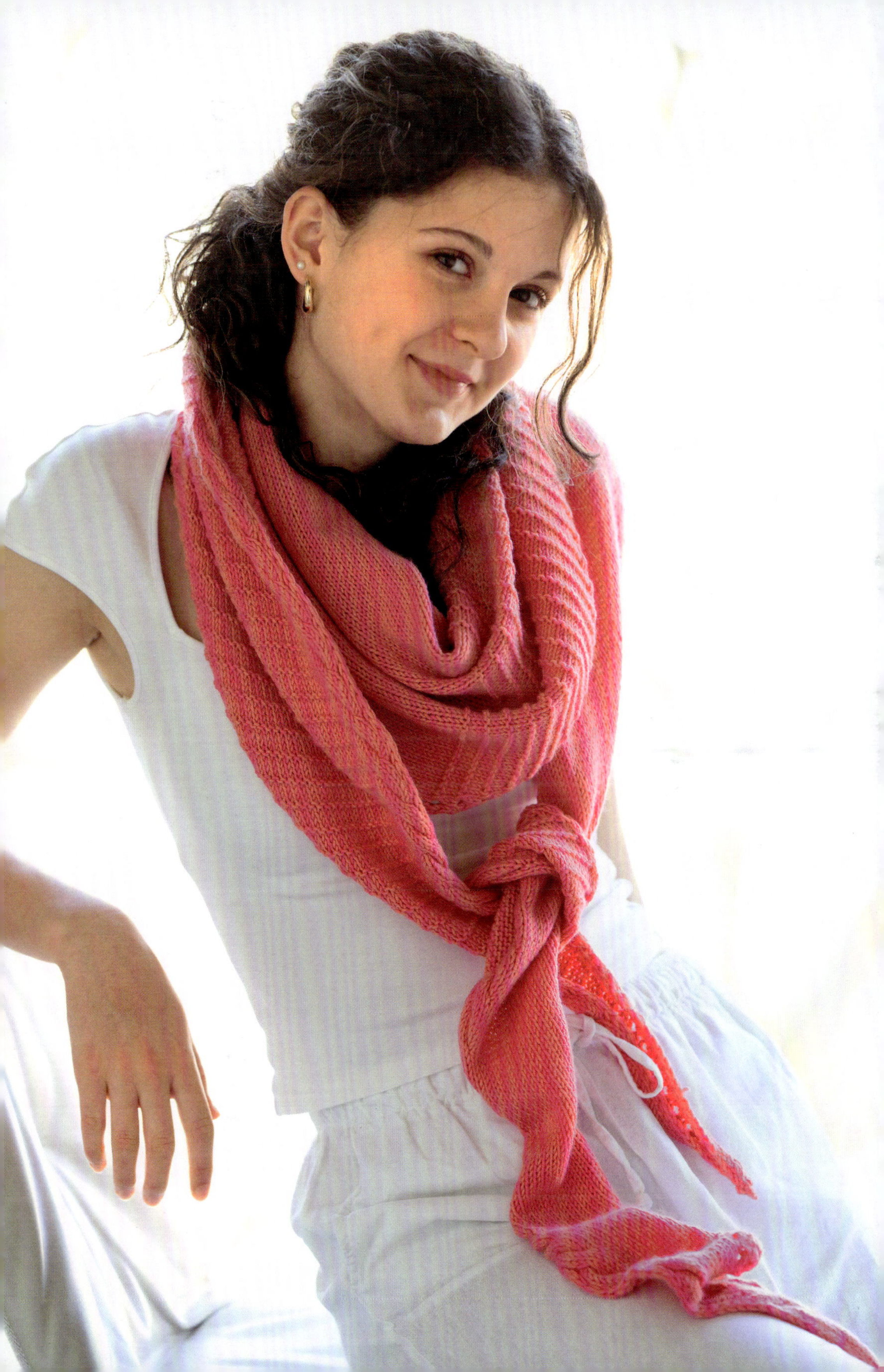

Doppelte Randm
(über die ersten 2 M und die letzten 2 M jeder Reihe)
In Hin- und Rückreihen die ersten 2 M und die letzten 2 M so arbeiten: den Faden vor die Arbeit legen, die 1. M mit dem Faden vor der Arbeit wie zum Linksstricken abheben, dann den Faden nach hinten legen und 1 M rechts stricken.

Jetzt geht's los!

1. Schlage 5 M an und stricke nach der Strickschrift. Sie beginnt mit der 1. Reihe als eine Hinreihe.

2. Arbeite für die **untere Spitze** 1× die 1.–48. Reihe und wiederhole die 41.–48. Reihe anschließend noch 38× = 95 Maschen und 352 Reihen. Dabei kommen durch die Zunahmen am rechten Rand immer mehr Maschen hinzu. Die Maschen zwischen den beiden Rändern werden wie durch den rot umrahmten Rapport beschrieben glatt rechts gestrickt.

3. Stricke anschließend für den **Mittelteil des Tuches** 1× die 353.–362. Reihe der Strickschrift. Die M zwischen den Rändern werden weiterhin glatt rechts gestrickt.

4. Dann stricke für die **obere Spitze** 1× die 363.–370. Reihe, wiederhole die 363.–370. Reihe noch 38x, bis insgesamt noch 17 M auf der Nadel liegen, und arbeite dann noch die 675.–714. Reihe. Dabei werden die M zwischen den Rändern bis zur 675. Reihe wie in der Strickschrift notiert in jeder 2. Hinreihe links, in den übrigen Reihen glatt rechts gestrickt. Ab der 676. Reihe werden die Maschen zwischen den Rändern wieder vollständig glatt rechts gestrickt.

5. Kette anschließend die restlichen 5 M ab.

Zu guter Letzt!
Wasche dein neues Dreieckstuch mit Wollwaschmittel von Hand und drücke das Wasser vorsichtig aus. Schleudere es auf keinen Fall in der Maschine! Spanne es anschließend oder lege es auf Frotteetücher aus und ziehe es in Form. Viel Freude beim Tragen!

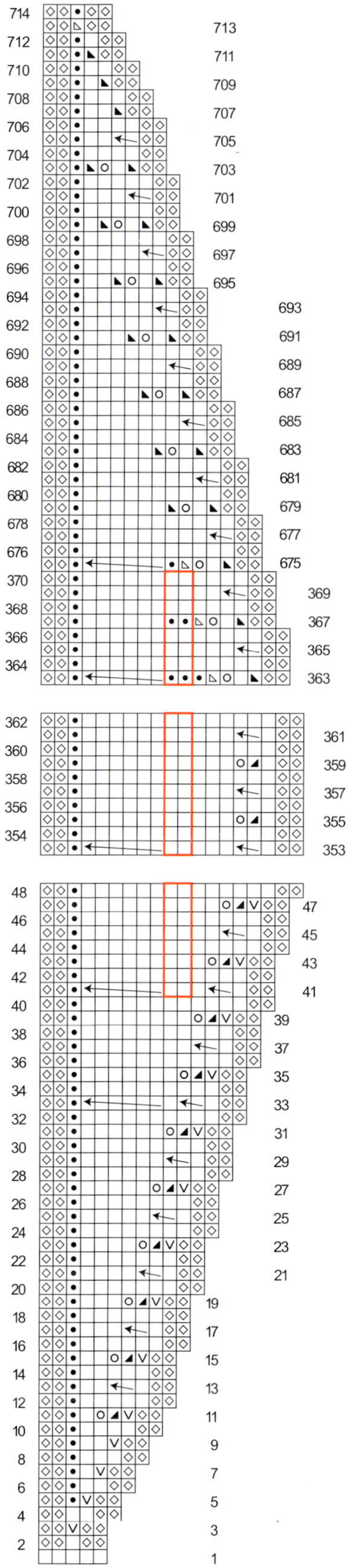

Zeichenerklärung:

= in Hinreihen 1 M rechts, in Rückreihen 1 M links stricken

= doppelte Randm (über jeweils 2 M): die 1. M mit dem Faden vor der Arbeit wie zum Linksstricken abheben, die 2. M rechts stricken

= 1 M verdoppeln: die M zunächst rechts, anschließend noch einmal rechts verschränkt stricken, dann erst von der linken Nadel heben

= in Hinreihen 1 M links, in Rückreihen 1 M rechts stricken

= 2 M rechts zusammenstricken

= 1 Überzug: 1 M wie zum Rechtsstricken abheben, 1 M rechts stricken, dann die abgehobene M über die gestrickte M ziehen

= 1 Umschlag

= 2 M links verschränkt zusammenstricken

= Zopf (über 2 M): 1 M auf einer Hilfsnadel VOR die Arbeit legen, 1 M rechts stricken, dann die M der Hilfsnadel rechts stricken

= Zopf (über 6 M): 3 M auf einer Hilfsnadel VOR die Arbeit legen, 3 M rechts stricken, dann die 3 M der Hilfsnadel rechts stricken

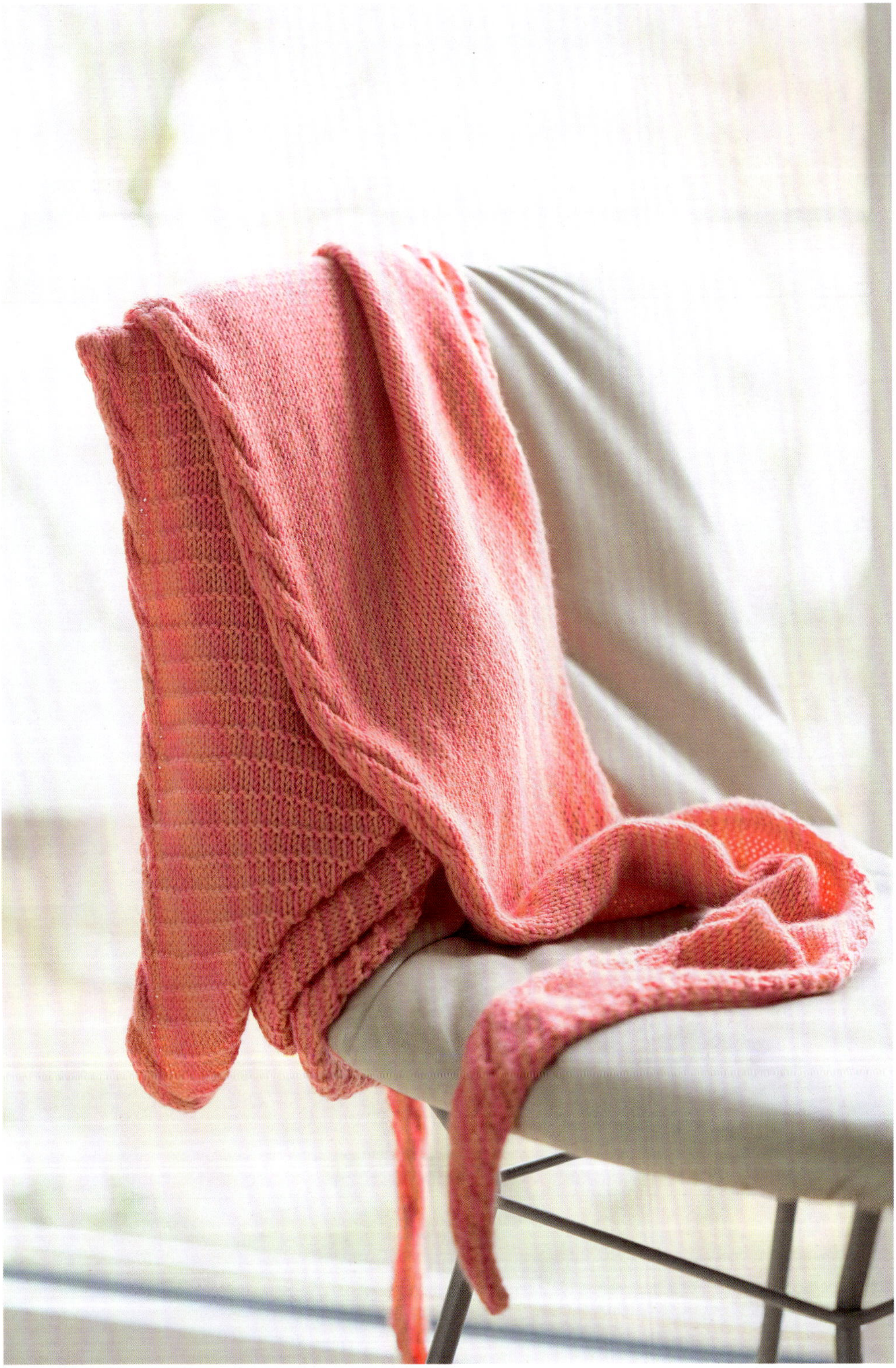

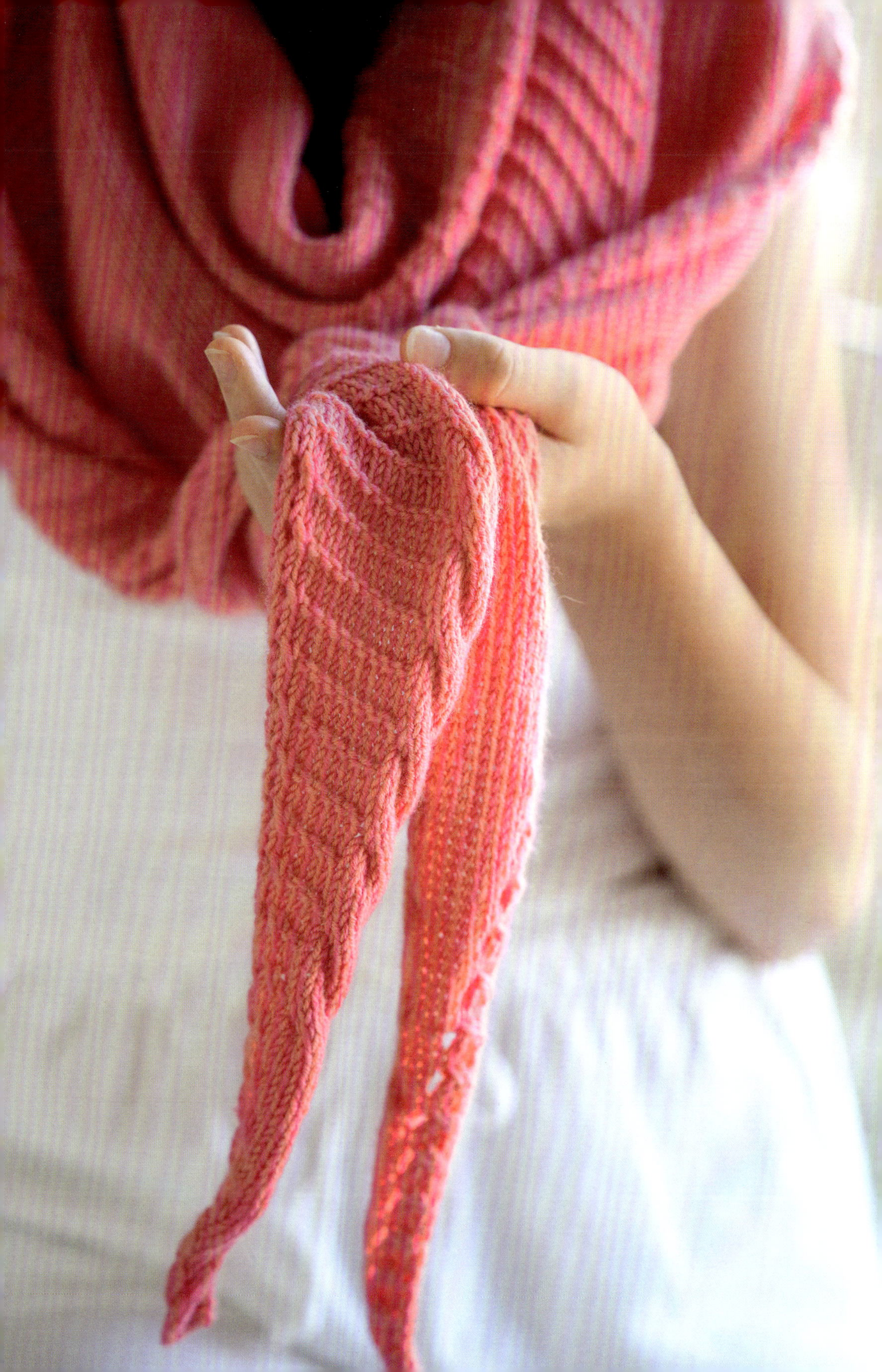

Rippenschal Moni

Easy-peasy schnell gestrickt und durch die süßen Streifen mega effektvoll. Der Streifenschal passt rund ums Jahr immer! Nicht nur zu jedem Wetter, sondern auch zu fast jedem Outfit. Ein Must-have-Teil, das jedes Outfit komplettiert und aufwertet.

Welche Maschen musst du beherrschen, um dieses Modell zu stricken?

- Maschen anschlagen
- Rechte Maschen stricken
- Maschen abketten

Welches Material benötigst du?

- **Sportlife** (100% Schurwolle (superwash) von **ggh** mit einer Lauflänge von 80 m/50 g:
- 100 g in **Wollweiß** (Fb 4) und
- je 50 g in **Preiselbeerrot** (Fb 31), **Rosé** (Fb 47), **Senf** (Fb 48) und **Frostgrün** (Fb 43)
- Stricknadeln der Stärke 5,5–6 mm

Wie groß ist das fertige Modell?

Der Schal ist ca. 172 cm lang und 18 cm breit.

Beachte die Maschenprobe!

Mit Nadelstärke 5,5–6 mm kraus rechts gestrickt ergeben 12 M in der Breite und 30 Reihen in der Höhe ein Quadrat von 10 cm × 10 cm.

Welches Muster wird gestrickt?

Kraus rechts: in Hin- und Rückreihen rechte Maschen stricken.

Was du sonst noch wissen musst:

Der Schal wird quer gestrickt. Jeder Farbwechsel geschieht am Beginn einer neuen Reihe. Lass dabei die Fadenenden ca. 20 cm lang hängen und verknote die Fadenenden von 2 aufeinanderfolgenden Farben.

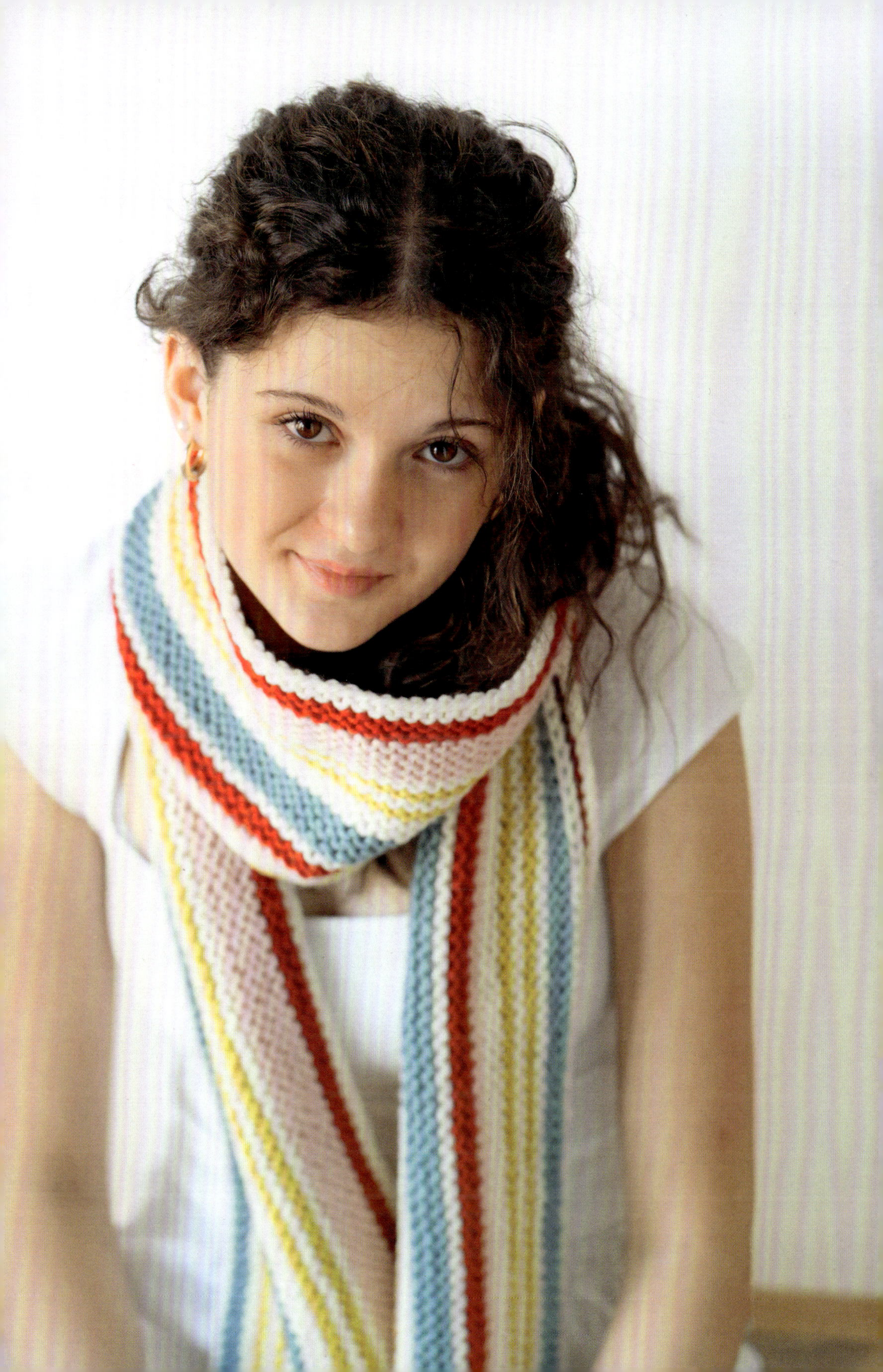

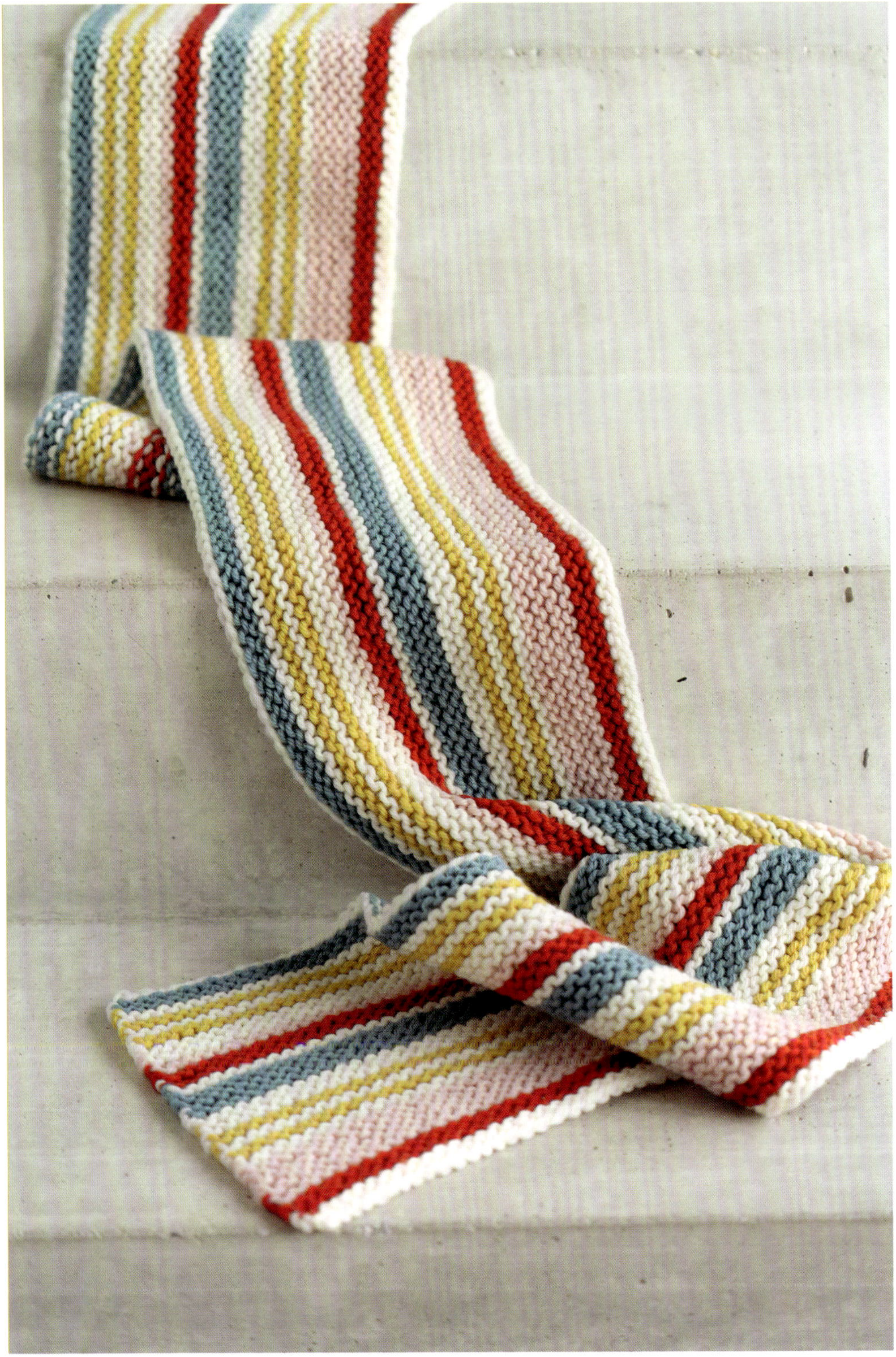

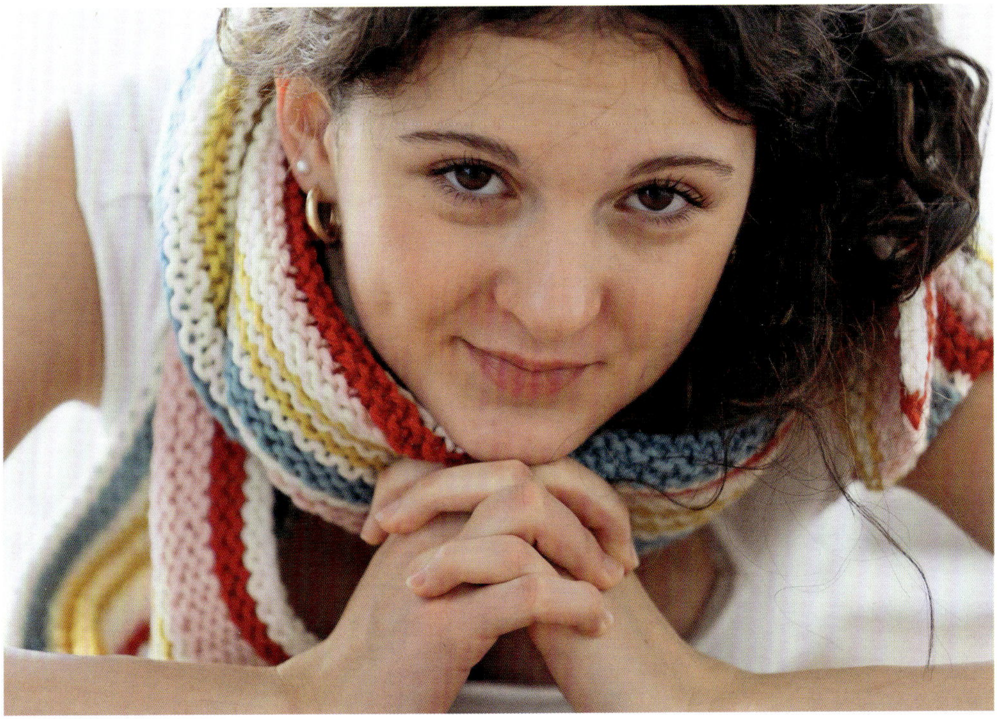

Wie entstehen die Streifen?

4 Reihen in Preiselbeerrot,
8 Reihen in Rosé,
2 Reihen in Wollweiß,
2 Reihen in Senf,
2 Reihen in Wollweiß,
2 Reihen in Senf,
4 Reihen in Wollweiß,
6 Reihen in Frostgrün,
2 Reihen in Wollweiß,
4 Reihen in Preiselbeerrot,
2 Reihen in Rosé,
4 Reihen in Wollweiß,
2 Reihen in Senf,
2 Reihen in Wollweiß,
2 Reihen in Senf,
2 Reihen in Wollweiß und
4 Reihen in Frostgrün = 54 Reihen.

Jetzt geht's los!

1. Schlage 210 M in Wollweiß an.

2. Stricke noch 1 Rückreihe rechte M in Wollweiß.

3. Dann arbeite 54 Reihen kraus rechts in der Farbfolge.

4. Kette anschließend alle M in Wollweiß ab.

Zu guter Letzt!

Vernähe alle Fadenenden jeweils in den M derselben Farbe und dann kuschele dich in deinen neuen Streifenschal ein!

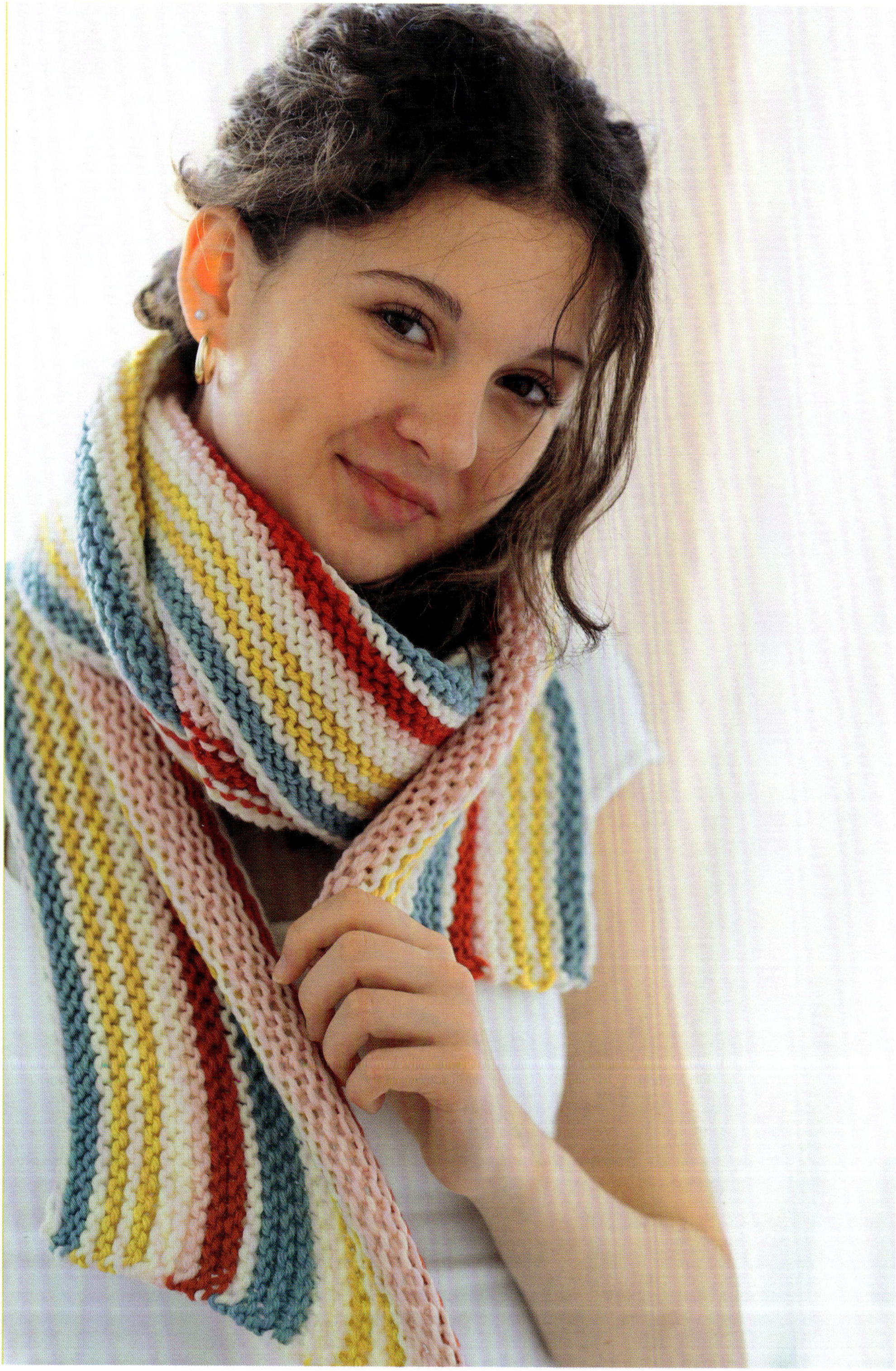

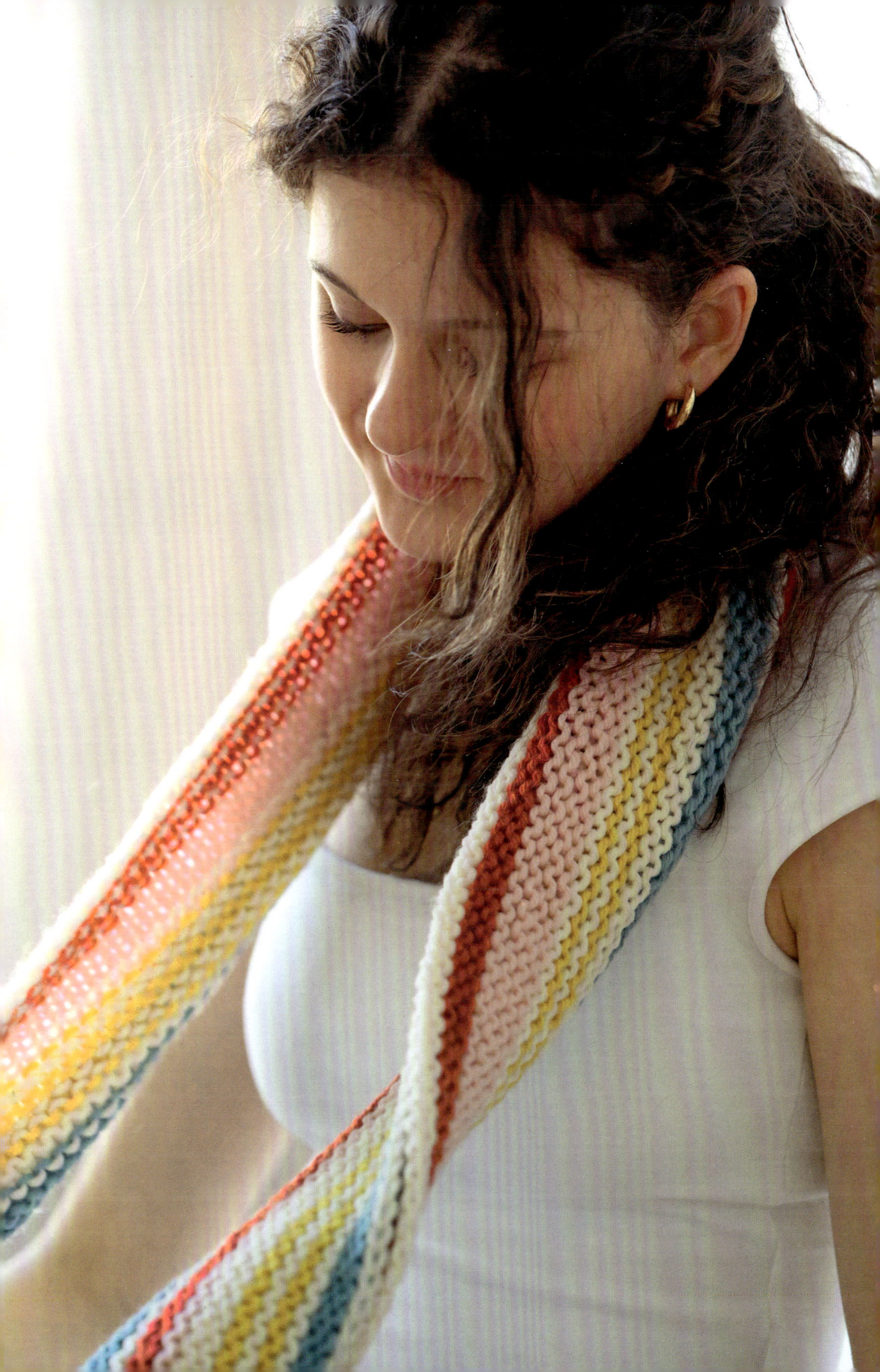

Tuch Darling

Das einfach kraus rechts gestrickte Dreieckstuch mit geschwungener Bogenkante wird schnell zum unentbehrlichen Liebling in deinem Kleiderschrank. Es fällt durch die Größe schön leicht, wärmt durch die kraus rechten Maschen aber auch an lauen Sommerabenden. Wenn es noch kälter wird, lässt es sich darüber hinaus auch hervorragend als gewickelter Schal tragen. Am besten greifst du gleich zu deiner Lieblingsfarbe und legst los!

Welche Maschen musst du beherrschen, um dieses Modell zu stricken?

- Maschen anschlagen
- Maschen aufschlingen
- Rechte Maschen stricken
- Maschen abketten

Welches Material benötigst du?

- **Lacy** (80% Merinowolle, 20% Seide) von **ggh** mit einer Lauflänge von 150 m/25 g:
- 200 g in **Flieder** (Fb 3)
- Stricknadeln der Stärke 3,5 mm

Wie groß ist das fertige Modell?

Das schöne große Dreiecktuch ist an der langen Seite 200 cm lang und in der Mitte 70 cm breit.

Beachte die Maschenprobe!

Mit Nadelstärke 3,5 mm kraus rechts gestrickt ergeben 23 M in der Breite und 48 Reihen in der Höhe ein Quadrat von 10 cm × 10 cm.

Welches Muster wird gestrickt?

Kraus rechts: in Hin- und Rückreihen rechte Maschen stricken.

Wie bekommt das Tuch seine Form?

Das Tuch wird mit nur wenigen Maschen in der Spitze begonnen und kraus rechts bis zur Längsseite gestrickt. Für die wellenförmigen Schrägen werden in jeder 10. Reihe zunächst am Ende einer Rückreihe, dann auch am Ende der folgenden Hinreihen jeweils nach der letzten Masche noch 7 weitere Maschen aufgeschlungen. Anschließend wird über alle Maschen weiter kraus rechts gestrickt.

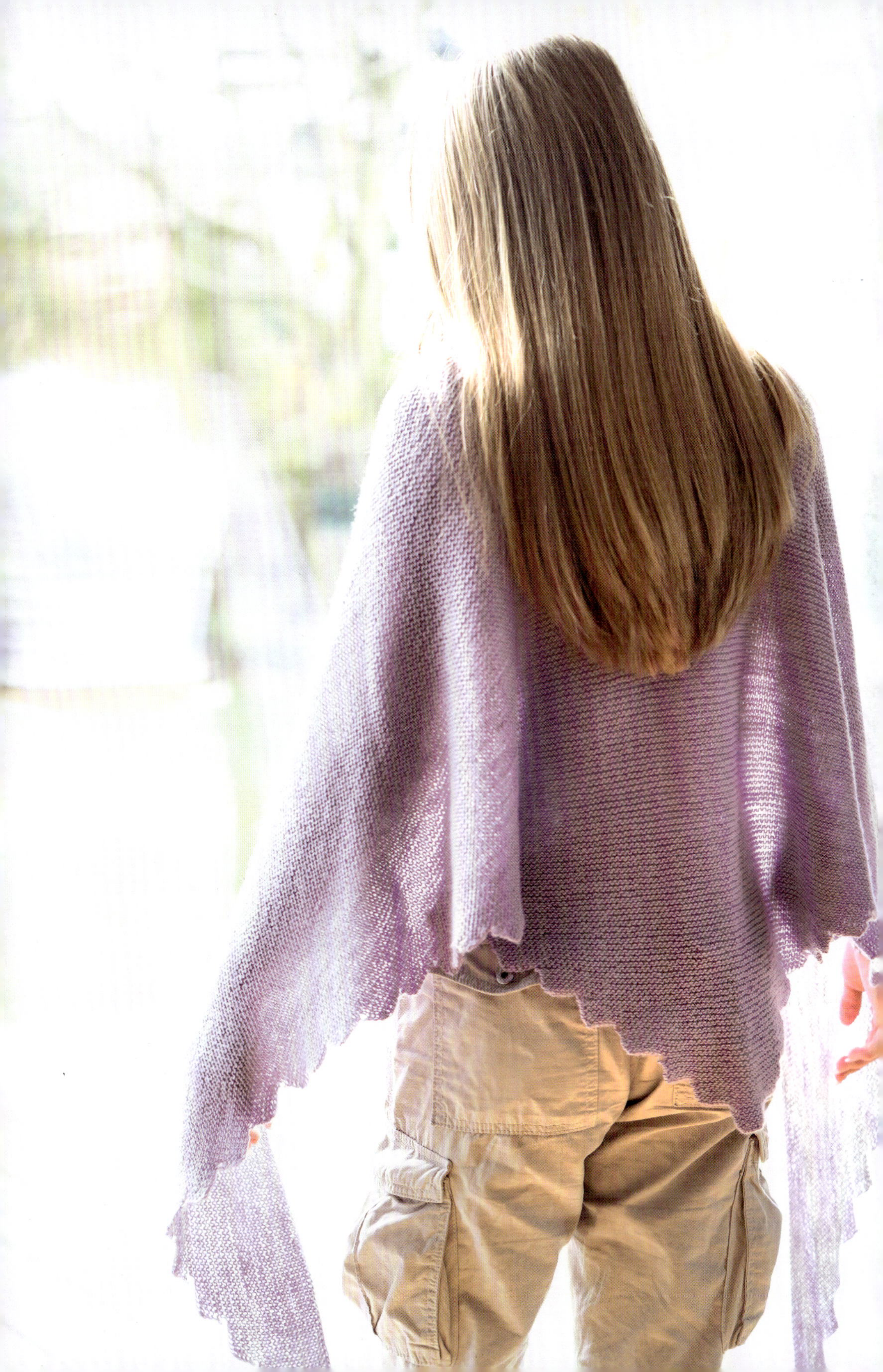

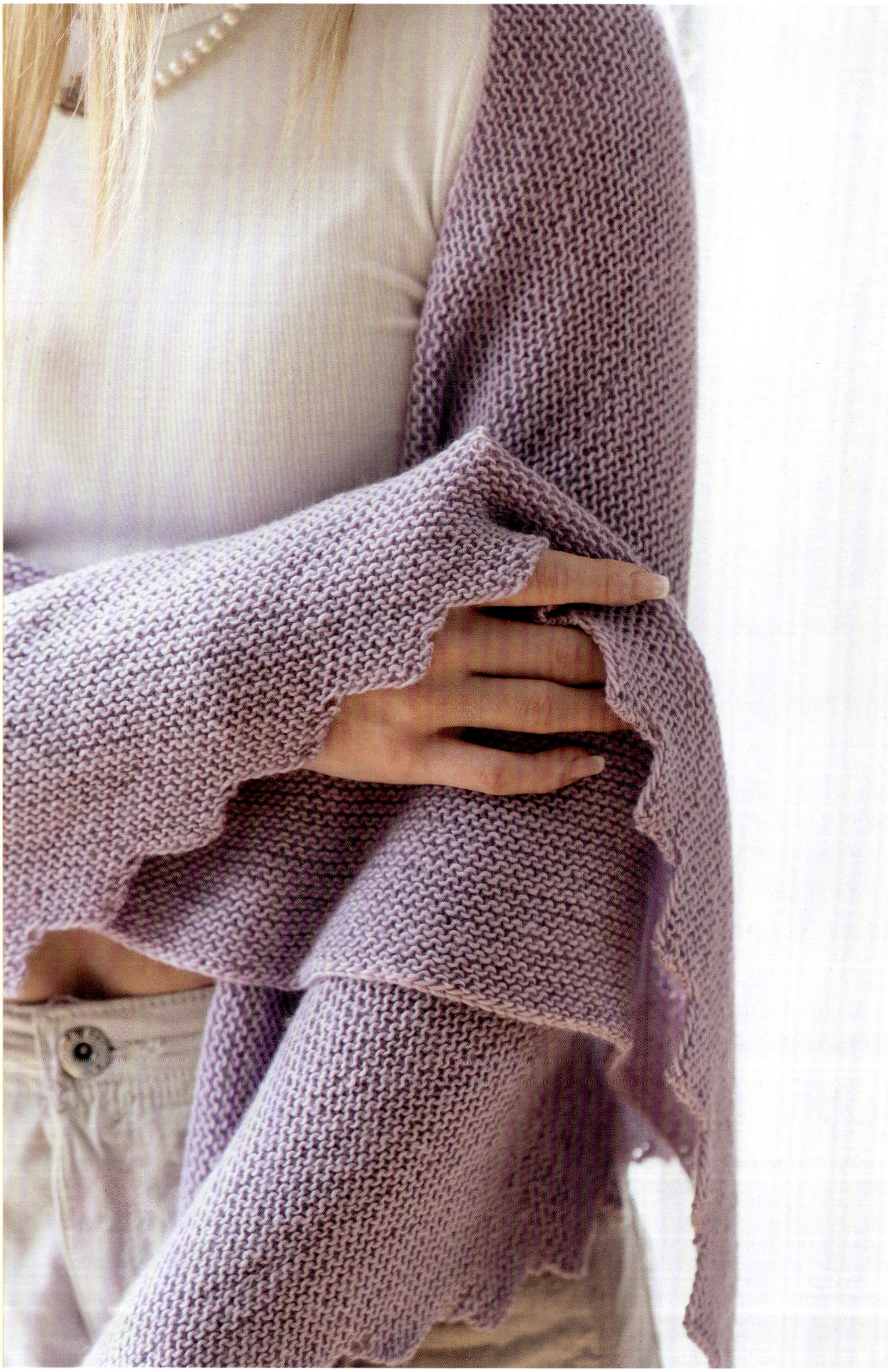

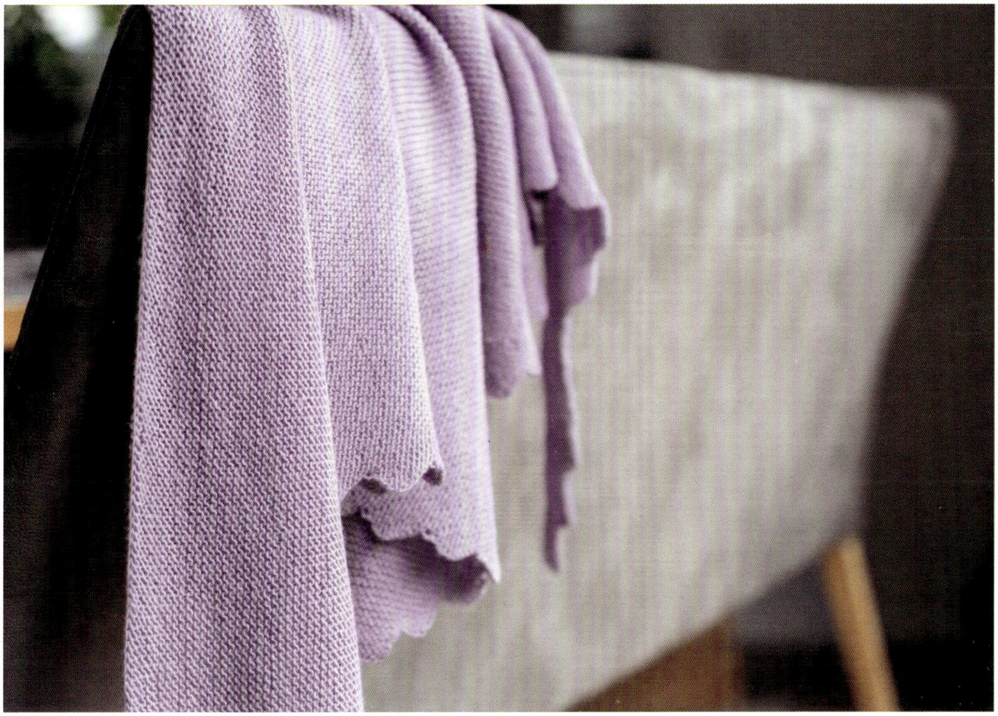

Jetzt geht's los!

1. Schlage für die **Spitze des Tuches** 9 M an.

2. Stricke 8 Reihen kraus rechts.

3. Arbeite in dieser Einteilung weiter:

9. Reihe (Rückreihe): alle M rechts, dann noch 7 M aufschlingen = 16 M.

10. Reihe (Hinreihe): alle M rechts, dann noch 7 M aufschlingen = 23 M.

11.–18. Reihe: alle M rechts stricken.

4. Nun stricke in dieser Einteilung weiter:

19. Reihe (Rückreihe): alle M rechts, dann noch 7 M aufschlingen.

20. Reihe (Hinreihe): alle M rechts, dann noch 7 M aufschlingen.

21.–28. Reihe: alle M rechts stricken.

Wiederhole die **19.–28. Reihe** noch 27× = 415 M.

5. Kette anschließend alle M ab.

Zu guter Letzt!

Vernähe die Fadenenden und schlinge dir dein neues Lieblingstuch um die Schultern.

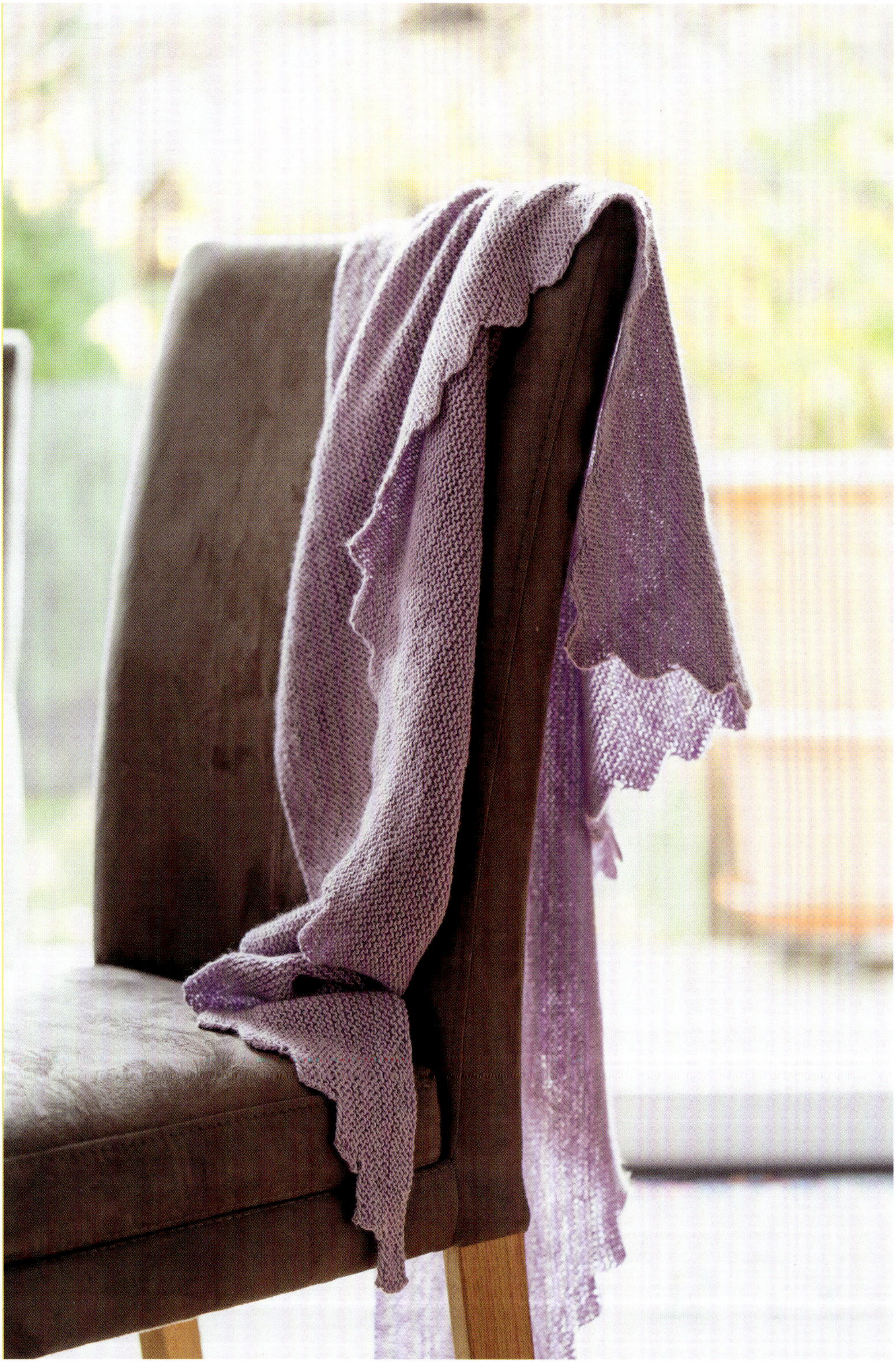

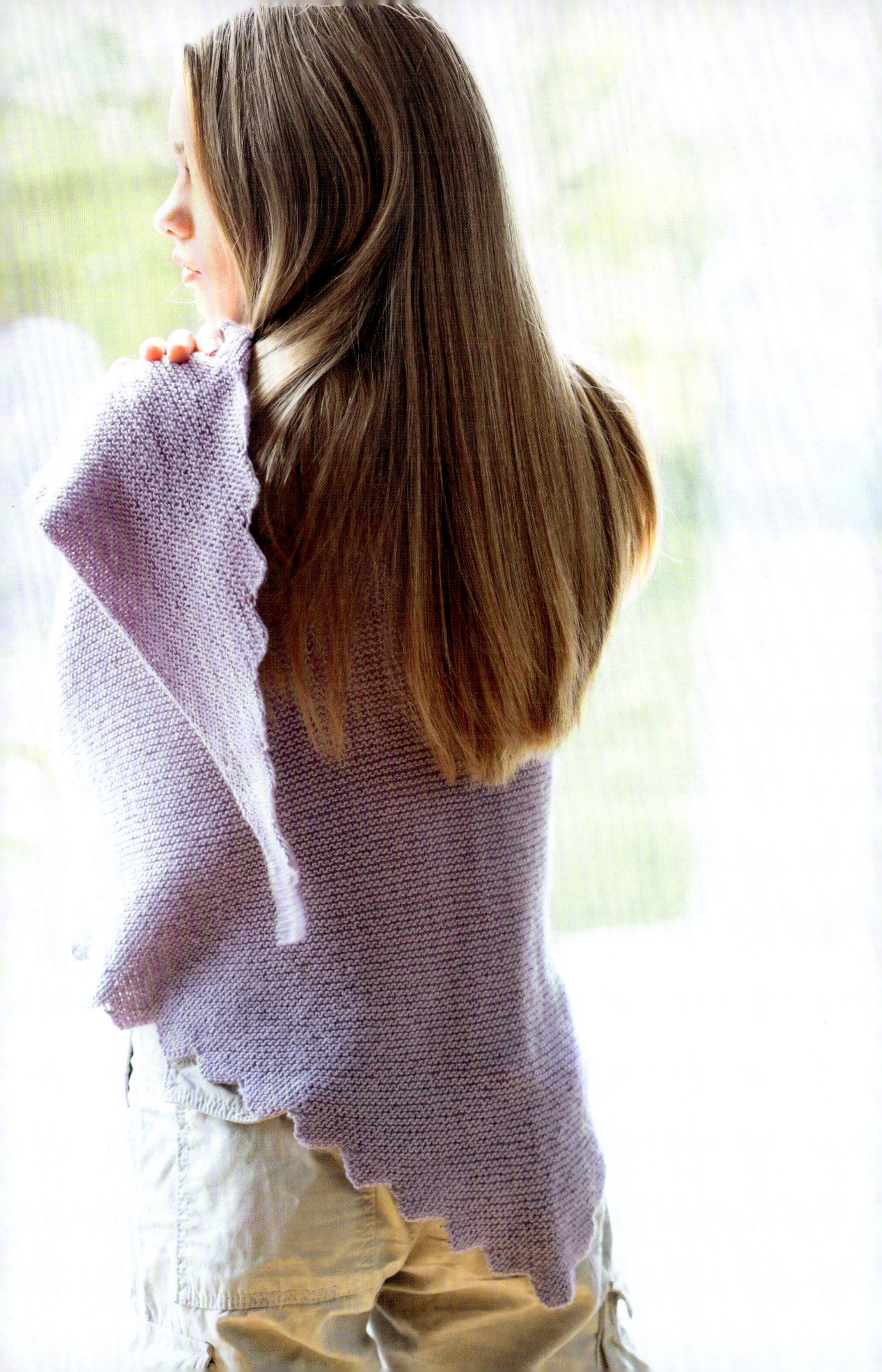

Maschenprobe

Jeder strickt anders. Darum stricke vor jedem Projekt unbedingt eine Maschenprobe mit dem Garn, das du verwenden möchtest, in genau dem Muster des Tuches oder des Schals. Schlage dazu so viele Maschen an, wie du für ca. 15 cm Breite brauchst, also 1,5-mal so viele Maschen, wie die Maschenprobe für 10 cm Breite angibt. Stricke 15 cm im Muster, kette anschließend alle Maschen ab, wasche dein Probestück vorsichtig, ziehe es in Form und lasse es liegend trocknen.

Sobald deine Probe trocken ist, stecke dir in der Mitte jeweils 10 cm in der Breite mit Stecknadeln ab und zähle die Maschen zwischen den Stecknadeln. Notiere dir diese Zahl.

Dann stecke dir wieder in der Mitte jeweils 10 cm in der Höhe ab und zähle die Reihen, also die Maschen übereinander zwischen den Stecknadeln. Notiere dir auch diese Zahl.

Nun vergleiche deine Notizen mit der Maschenprobe, die für dein Modell angegeben ist. Wenn du **mehr Maschen und mehr Reihen** für jeweils 10 cm notiert hast, **nimm dickere Stricknadeln**. Und wenn du **weniger Maschen und weniger Reihen** auf jeweils 10 cm gezählt hast, **nimm dünnere Stricknadeln**. Oft reicht schon eine halbe Nadelstärke, es kann aber auch sein, dass du eine ganze Nadelstärke mehr oder weniger brauchst, bis die Maschenprobe stimmt. Trau dich ruhig, deutlich von der angegebenen Nadelstärke abzuweichen, wenn es für dich funktioniert. Denn wie schon gesagt: Jeder strickt anders!

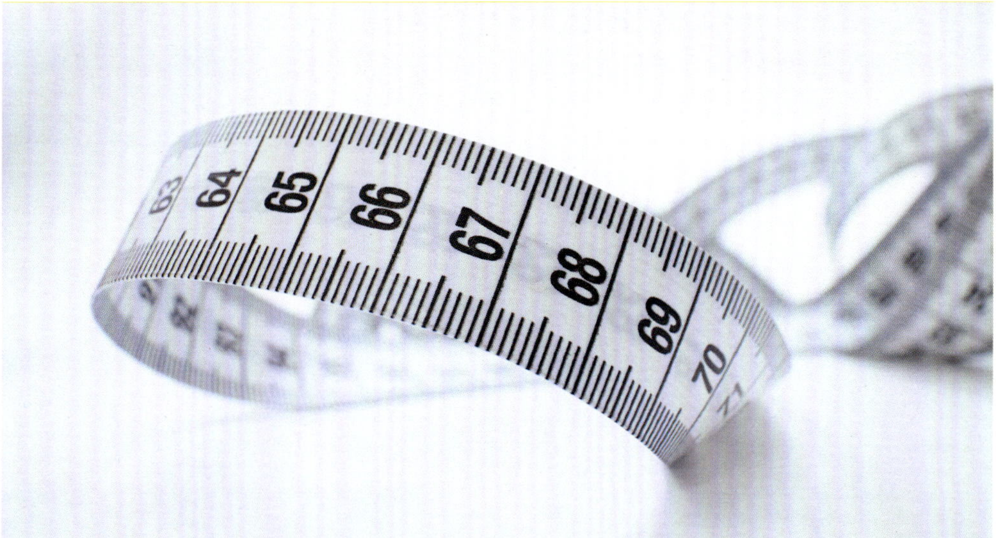

Wichtig ist nicht, dass deine Stricknadeln genau die angegebene Stärke haben, sondern dass deine Maschenprobe so genau wie möglich mit der in den Anleitungen angegebenen übereinstimmt!

Was du sonst noch wissen musst!
In den Anleitungen werden Masche und Maschen mit M abgekürzt.

Lesen einer Strickschrift

Die Leserichtung

Die Strickschrift wird immer ausgehend von der Reihenbezeichnung gelesen. Steht die Reihenbezeichnung am rechten Rand, liest man von rechts nach links. Die Masche, die als erste links neben der Reihenbezeichnung steht, ist also die erste Masche der Reihe. In Rückreihen liest man dementsprechend die Reihe von links nach rechts.

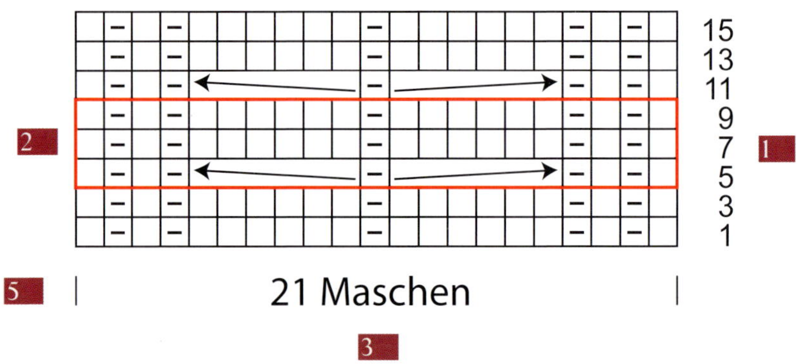

4

Zeichenerklärung

= 1 glatt rechte M: In Hin-R rechts und in Rück-R links stricken.

= 1 glatt linke M: In Hin-R links und in Rück-R rechts stricken.

= 3 M auf der Hilfsnadel hinter die Arbeit legen, 3 M rechts stricken, dann die 3 M der Hilfsnadel rechts abstricken.
In der Rück-R die M links stricken.

= 3 M auf der Hilfsnadel vor die Arbeit legen, 3 M rechts stricken, dann die 3 M der Hilfsnadel rechts abstricken.
In der Rück-R die M links stricken.

1 Reihenbezeichnungen
Rechts neben der Strickschrift sind die Nummern der Reihen angegeben. Auf der rechten Seite stehen die Angaben für die Hinreihen und auf der linken Seite die Angaben für die Rückreihen. Sind an der linken Seite keine Angaben gemacht, bedeutet das immer, dass die Rückreihen so gestrickt werden, wie die Maschen erscheinen oder wie es in der Legende angegeben ist.

2 Rapport
Als Rapport oder manchmal auch als Mustersatz wird der Bereich bezeichnet, der fortlaufend in der Breite und in der Höhe wiederholt wird. Hier ist er rot umrandet.

3 Rapport in der Höhe
In der Höhe verhält es sich so wie in der Breite. Die Reihen werden sooft wiederholt wie angegeben. Hier wird die Angabe über die Reihenbezeichnung gemacht. Es heißt meist: »Wiederhole die 5.–10. Reihe 18×«.

4 Legende
Zu jeder Strickschrift gehört eine Legende. Aus der kannst du entnehmen, was welches Zeichen bedeutet und wie man die Masche in den Hin- und Rückreihen strickt. Wenn du dich immer an die Legende hältst, kann eigentlich nichts schiefgehen.

5 Rapportpfeile oder -striche
Bei manchen Strickschriften werden rechts und links neben dem Rapport weitere Maschen gezeichnet. In dem Fall strickst du erst die Maschen, die rechts der Striche gezeichnet sind, 1×, dann wiederholst du sooft wie angegeben die Maschen zwischen den Strichen, bis nur noch so viele Maschen übrig sind, wie links neben den Strichen liegen. Die Maschen strickst du zum Schluss auch 1×. Zwischen den Pfeilen oder Strichen ist die Anzahl von Maschen angegeben, die du wiederholen musst. Das sind die Rapportmaschen.

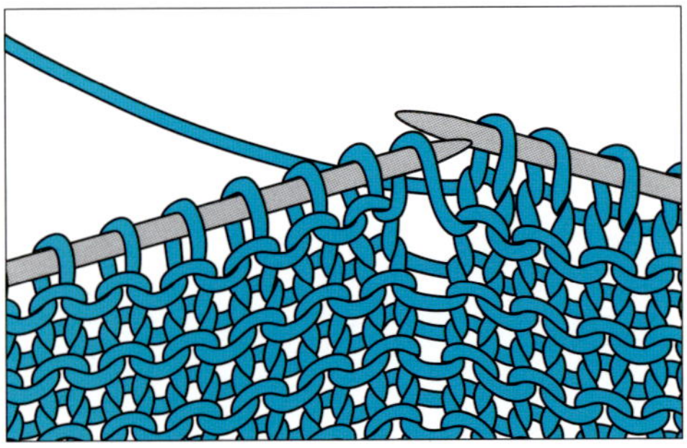

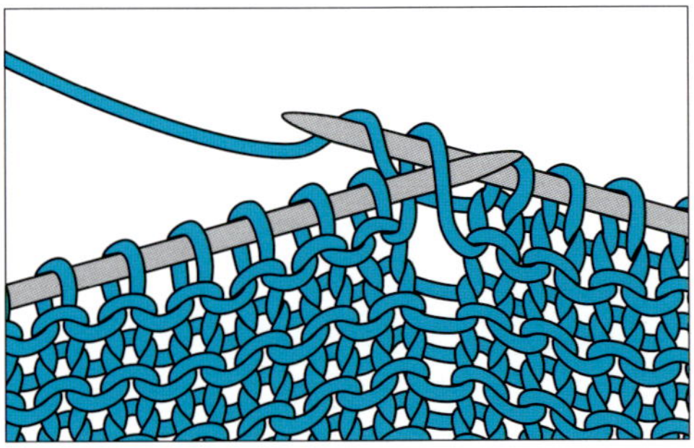

Aus dem Querfaden zunehmen

Der Arbeitsfaden liegt hinten. Mit der linken Nadel von vorn nach hinten unter dem Querfaden zwischen 2 Maschen einstechen, sodass der Querfaden auf der Nadelspitze liegt.

Mit der rechten Nadel hinter der Arbeit von rechts nach links in die Schlinge des Querfadens einstechen, sodass sie sich verdreht, und den Arbeitsfaden um die Nadel legen.

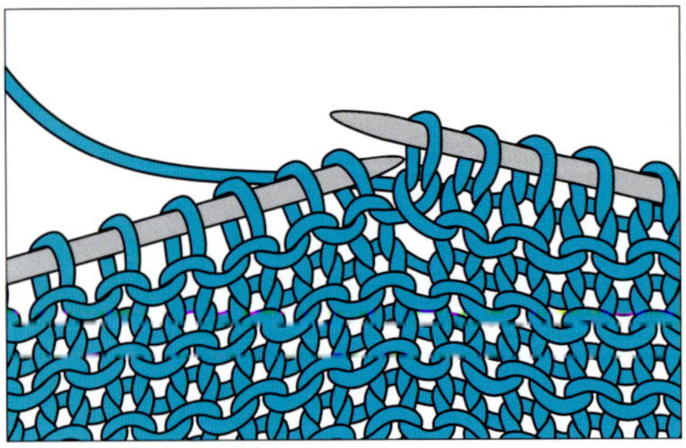

Den Arbeitsfaden nach vorn durchholen und anschließend den Querfaden von der linken Nadel gleiten lassen. So entsteht eine zusätzliche rechte Masche.

1 Masche verdoppeln

Aus 1 Masche 2 Maschen herausstricken: wie zum Rechtsstricken in die Masche einstechen und den Faden holen. Die Masche noch nicht von der linken Nadel gleiten lassen, sondern jetzt noch einmal einstechen – entweder von hinten (rechts verschränkt) oder den Faden von vorne holen wie zum Linksstricken – und den Faden holen. Um mehr Maschen aus 1 Masche herauszustricken, diesen Vorgang so oft wie gewünscht wiederholen. Zuletzt die Masche von der Nadel gleiten lassen.

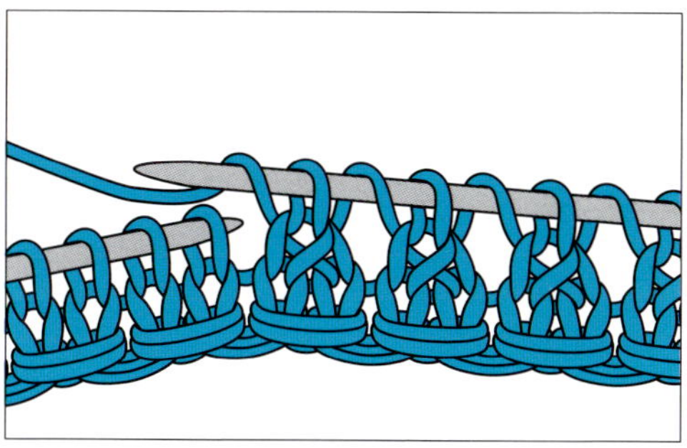

Umschlag

Den Faden von vorne nach hinten über die rechte Nadel legen. Danach weiter nach Anleitung stricken. In der Rückreihe werden Umschläge wie normale Maschen gestrickt; dadurch entsteht dann ein Loch.

Hier findest du alle Video-Tutorials

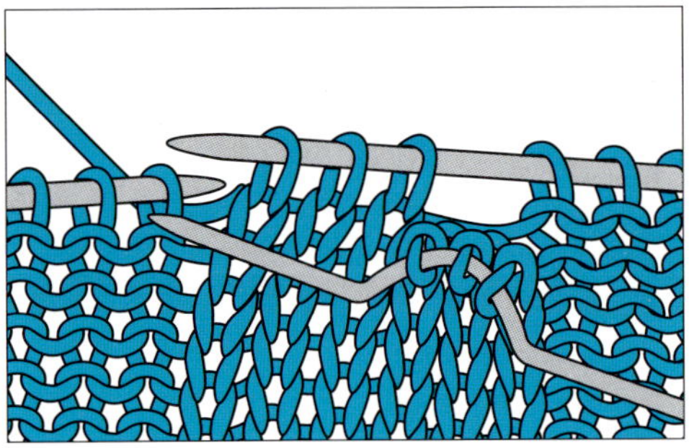

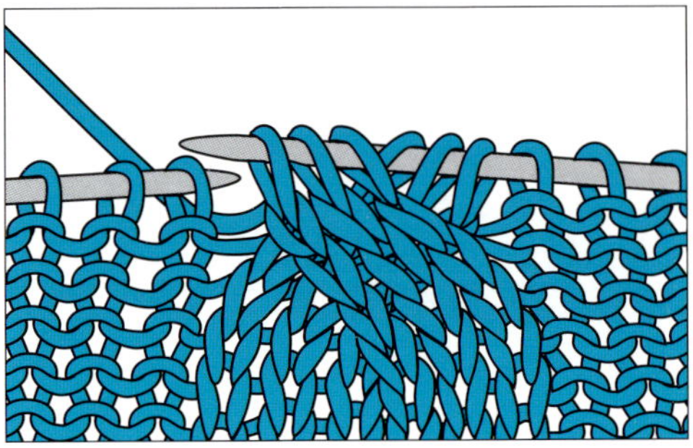

Zopf – Verzopfung nach links

3 Maschen auf eine Zopfnadel nehmen und vor die Arbeit legen, die folgenden Maschen der linken Nadel rechts stricken.

Dann die 3 Maschen der Zopfnadel rechts stricken.

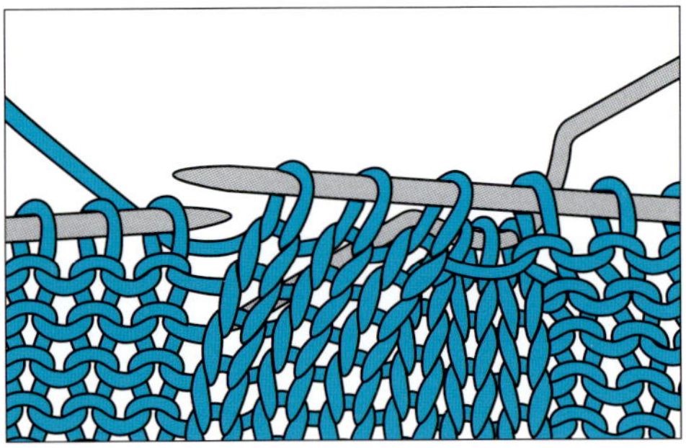

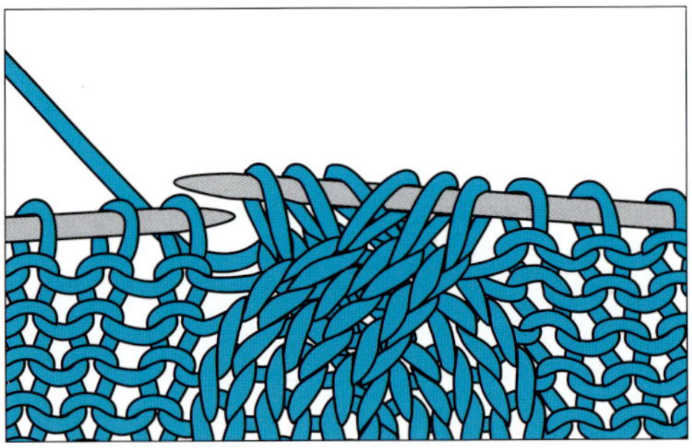

Zopf – Verzopfung nach rechts

3 Maschen auf eine Hilfsnadel heben und hinter die Arbeit legen, die folgenden 3 Maschen der linken Nadel rechts stricken.

Dann die 3 Maschen der Hilfsnadel rechts stricken.

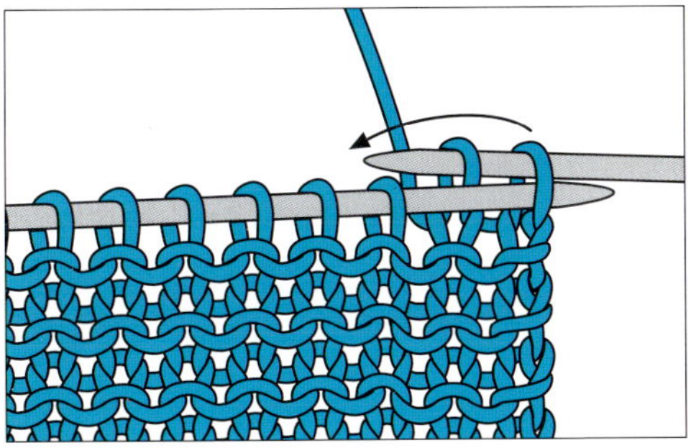

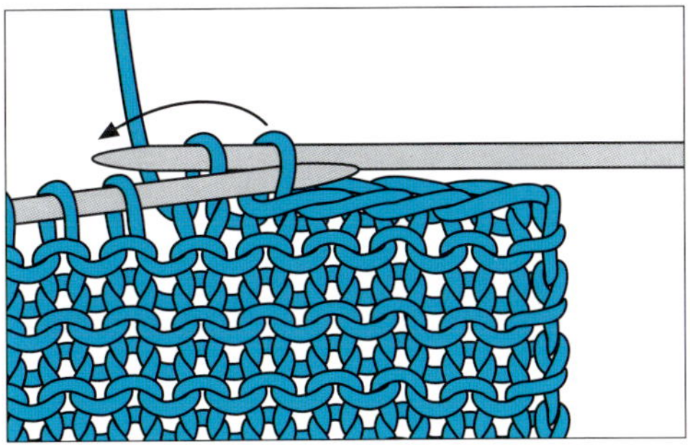

Abketten

Die ersten beiden Maschen stricken. Mit der linken Nadel in die 1. Masche einstechen, diese über die 2. Masche heben und mit der rechten Nadel die 2. Masche durch die 1. ziehen.

Die nächste Masche stricken und die vorhergehende darüberziehen. Am Ende den Faden abschneiden und durch die letzte Masche ziehen.

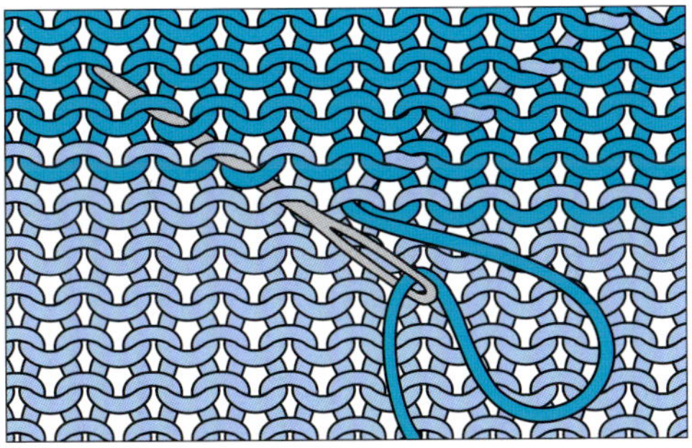

Faden vernähen innerhalb der Reihe

Innerhalb der Reihe werden die Fäden auf der Rückseite vernäht. Zunächst durch die daneben liegende Masche stechen, sodass zwischen der letzten Masche des alten und der 1. Masche des neuen Fadens eine Verkreuzung entsteht. Den Faden schräg in die Reihen einziehen, dabei nur einen Teil der Maschenglieder erfassen, damit der Faden auf der Vorderseite nicht sichtbar ist.

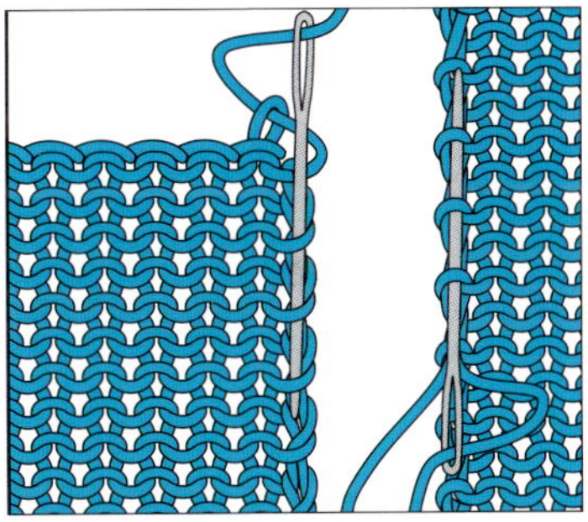

Faden vernähen am Rand

Die Fadenenden in eine stumpfe Wollnadel fädeln und in die Randmaschen einziehen, dabei einen Faden nach oben, den anderen nach unten ziehen. Bei zusammengenähten Strickteilen die Fäden in die Naht einziehen.

Autorinnen und Fotografin

Andel

Stricken, Häkeln und Garne sind die Leidenschaft der Autorin. Die letzten Jahre bewegte sie sich zwar mehr im Print-Bereich (Textildesign), aber ihre modischen Wurzeln liegen in der Arbeit mit Wolle. 1988 schloss sie die Deutsche Meisterschule für Mode in München als Diplom-Modegrafikerin ab. Danach war sie für verschiedene namhafte Hersteller wie Gerry Weber, Codello, Wéspa, Frapp und Di Bari tätig. Seit Herbst 2019 arbeitet sie für Lana Grossa.

Karoline

Karoline Hoffmeister hat ihre große Leidenschaft Handarbeiten und Design in den Genen und stammt aus einer kreativen Familie. Eine Oma strickte ihr ganzes Leben lang, die andere zauberte an der Nähmaschine, ihre Mutter fertigte kunstvolle Stickarbeiten und häkelte und ihr Vater konnte mit Engelsgeduld alles reparieren. Die studierte Designerin liebt schlichte Formen, edle Farbkombinationen und einen unaufgeregten Weniger-ist-mehr-Look gepaart mit ausgefeilter Schnittführung.

Dagmar

Dagmar Bily war jahrelang Chefredakteurin und Designerin von zahlreichen DIY-Magazinen. Neben Strick- und Nähpaketen hat sie auch ein After-Work-Crafting-Event ins Leben gerufen. »Das Stricken, Häkeln und Nähen habe ich von meiner Großmutter und Mutter gelernt. Wie sehr mich die Stunden mit den beiden beim Handarbeiten prägten, wurde mir erst später bewusst. Die Liebe zur Fotografie kam von meinem Vater, der zuhause eine Dunkelkammer hatte.«

Bianca

Bianca Rothenhäusler hat ihre große Leidenschaft für Handarbeiten und insbesondere Wolle bereits in jungen Jahren in der Grundschule entdeckt. Stricken und Häkeln gehören zu ihren liebsten Hobbys, die sich aus ihrem Alltag nicht mehr wegdenken lassen. Neben ihrem Beruf als Rechtsfachwirtin verbringt sie seit Jahren viele Stunden in der Woche mit der Anfertigung verschiedenster modischer Strickstücke sowie zauberhaften Home-Deko-Accessoires. »Stricken entspannt und lässt mich meine Kreativität leben – ein perfekter Ausgleich« ist ihr Motto.

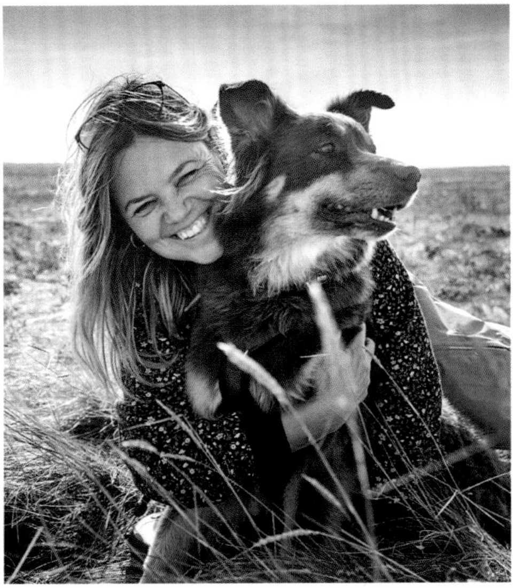

Anne

Anne Schulz fotografiert querbeet. People, Mode, Industrie, Architektur, Event … Sie stylt, gestaltet, macht – mit Hingabe – Seit ein paar Jahren auch als Fotografin und Grafikerin für DIY-Bücher. Hier treffen zwei Leidenschaften aufeinander – Fotografie und Buch. Es macht ihr viel Spaß, die Energie und die Kreativität der Autor*innen sichtbar zu machen. So unterschiedlich die Themen, so spannend und herausfordernd die Produktionen – das macht für Anne Schulz diesen Job zu einem der schönsten.

www.anneschulzgestaltung.de/
@anneschulzgestaltung

Impressum

Entwürfe: Dagmar Bily (S. 54–71); Karoline Hoffmeister (S. 12–53); Andel Konrad (S. 72–89) und Bianca Rothenhäusler (S. 90–101); Rebecca, Susanne Schmid Guttandin Design Team (S. 102–113)

Verantwortlich: Helgrid van Impelen
Lektorat und Projektmanagement: Stephanie van der Linden
Korrektorat: Mareike Weber
Umschlaggestaltung: xxx
Layout: Marcus Taeschner, A flock of sheep
Repro: LUDWIG:media
Herstellung: Julia Hegele
Printed in Türkiye by Elma Basim

Unser komplettes Programm finden Sie unter

www.christophorus-verlag.de

★★★★★

Sind Sie mit diesem Titel zufrieden? Dann würden wir uns über Ihre Weiterempfehlung freuen. Erzählen Sie es im Freundeskreis, berichten Sie Ihrem Buchhändler oder bewerten Sie bei Onlinekauf. Und wenn Sie Kritik, Korrekturen, Aktualisierungen haben, freuen wir uns über Ihre Nachricht an:
Christophorus Verlag, Postfach 40 02 09, D-80702 München oder per E-Mail an lektorat@verlagshaus.de

Wir danken den Firmen ggh, myboshi, Horstia, Lana Grossa, Lang Yarns, Pro Lana, Rico Design und Woolly Hugs, die uns die Garne für die gezeigten Modelle freundlich zur Verfügung gestellt haben.

Die Deutsche Nationalbibliothek verzeichnet diese Publikation in der Deutschen Nationalbibliografie; detaillierte bibliografische Daten sind im Internet über www.dnb.de abrufbar.

ISBN 978-3-8388-3915-8

Kreativ-Service

Sie haben Fragen zu unseren Büchern und Materialien? Wir beraten Sie gern rund um alle Kreativthemen. Rufen Sie uns einfach an. Wir interessieren uns auch für Ihre eigenen Ideen und Anregungen. Sie erreichen uns per E-Mail kreativ-service@c-verlag.de oder unter der Telefonnummer 0049–89–1306 99 577.

Besuchen Sie uns im Internet: www.christophorus-verlag.de & www.selbstgemacht.de

Ebenfalls erhältlich ...

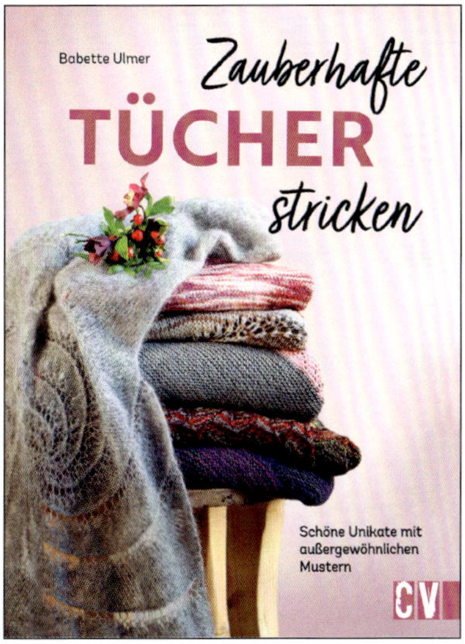

ISBN 978-3-8410-6642-8

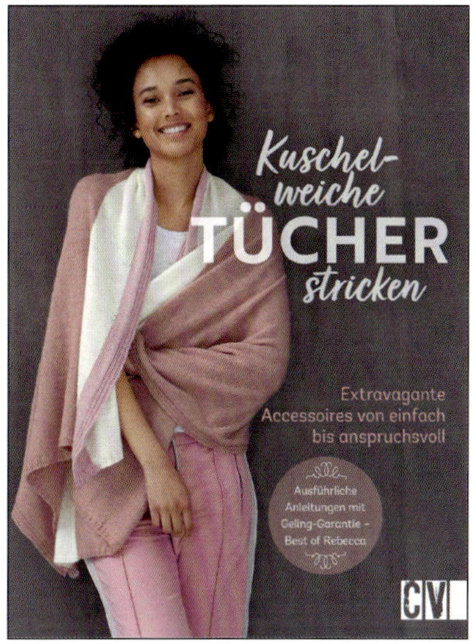

ISBN 978-3-8410-6707-4

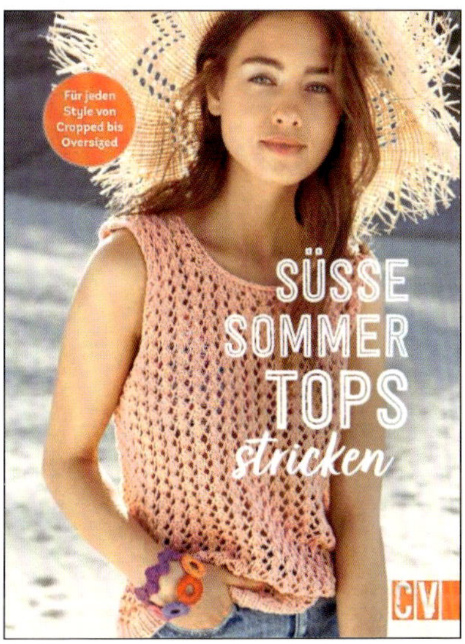

ISBN 978-3-8410-6738-8

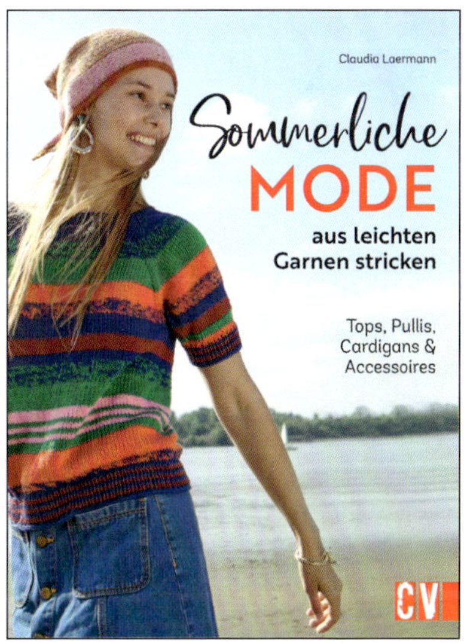

ISBN 978-3-8410-6709-8

CV

www.christophorus-verlag.de